REJOIGNEZ LA COMMUNAUTÉ DES LECTEURS MALINS !

Inscrivez-vous à notre newsletter et recevez chaque mois :
- des conseils inédits pour vous sentir bien ;
- des interviews et des vidéos exclusives ;
- des avant-premières, des bonus et des jeux !

Rendez-vous sur la page :
http://leduc.force.com/lecteur

Découvrez aussi notre catalogue complet en ligne sur notre site :
www.editionsleduc.com

Enfin, retrouvez toujours plus d'astuces et de bons conseils malins sur notre blog : **www.quotidienmalin.com**
sur notre page Facebook : **www.facebook.com/QuotidienMalin**

Maquette : Sébastienne Ocampo
Illustrations : Fotolia

© 2017 Leduc.s Éditions
29 boulevard Raspail
75007 Paris – France
ISBN : 979-10-285-0437-3
ISSN : 2425-4355

C'EST MALIN
POCHE

NATHALIE CLOBERT

DOMPTEZ VOTRE HYPERSENSIBILITÉ

Je remercie chaleureusement les personnes
qui ont accepté de témoigner dans ce livre,
et celles qui ont, d'une manière
ou d'une autre, aidé à sa réalisation.

Un grand merci à ma petite famille,
pour son amour et son soutien.

À Cathy, avec amitié.

SOMMAIRE

INTRODUCTION — 9

PARTIE 1 : ÊTRE HYPERSENSIBLE, QU'EST-CE QUE ÇA VEUT DIRE ? — **11**
1. VOUS AVEZ UNE PLUS GRANDE SENSIBILITÉ À CE QUI VOUS ENTOURE — 15
2. VOUS RESSENTEZ DE FAÇON PLUS INTENSE — 29

PARTIE 2 : VOTRE HYPERSENSIBILITÉ EST UNE FORCE — **53**
3. COMMENCEZ PAR CHANGER DE REGARD — 57
4. POURQUOI EST-ON HYPERSENSIBLE ? — 67
5. VOUS AVEZ DES SUPERS POUVOIRS ! — 75

PARTIE 3 : MIEUX VIVRE AVEC VOTRE HYPERSENSIBILITÉ ET DÉVELOPPER VOTRE POTENTIEL — **97**
6. QUE FAIRE AVEC VOS ÉMOTIONS ? — 101
7. ALLEZ VERS LES AUTRES — 125

8. PRENEZ SOIN DE VOUS ET RESPECTEZ
   VOTRE SENSIBILITÉ 135
9. DÉVELOPPEZ VOS RESSOURCES INTÉRIEURES
   GRÂCE À L'AUTOHYPNOSE 145

ÉPILOGUE 161
CONCLUSION 165
BIBLIOGRAPHIE 167

INTRODUCTION

Au cinéma, il y a toujours une personne dans la salle qui pleure lors du « happy end ». Cette personne, c'est vous. On dit souvent que vous êtes trop sensible. Dans les relations amicales et amoureuses, vous vous attachez profondément. Vous faites preuve de beaucoup d'empathie. Vous êtes touché par la souffrance d'autrui et savez vous montrer à l'écoute. Au point souvent d'en oublier vos propres besoins...

En retour, une critique peut vous blesser profondément, vous vous sentez remis en cause dans toute votre personne. Lorsqu'un événement vous touche, vous avez du mal à contenir votre émotion. Ce qui semble être des détails pour les autres n'en sont pas pour vous : vous supportez mal le brouhaha des lieux bondés, le cliquetis des couverts sur les assiettes, les lumières criardes, les gens qui allument la radio à fond dès le matin ou les personnes qui parlent fort au téléphone. Vous avez besoin de calme pour vous concentrer et de temps à vous pour retrouver votre sérénité intérieure.

Vous vous sentez coupable de ne pas réussir à contrôler vos émotions ? Vous avez construit une image négative de vous-même ? Vous finissez par penser que votre hypersensibilité est une faiblesse — peut-être même un trouble psychologique !

Et si c'était tout le contraire ? Si votre sensibilité n'était pas un défaut à corriger, mais une véritable ressource, un potentiel qui demande à être mieux canalisé !

Différent, l'hypersensible ? Oui, mais doué. Les hypersensibles sont des experts des signaux subtils et des émotions. Faites-vous confiance. Apprenez à tirer le meilleur de vos compétences singulières grâce à des conseils pratiques et des exercices concrets.

ÊTRE HYPERSENSIBLE, QU'EST-CE QUE ÇA VEUT DIRE ?

Non seulement vous êtes un super-détecteur : vous ressentez tout ce qui se passe en vous et autour de vous. Mais de plus vous réagissez très intensément : vous êtes une super-alarme. Ces deux facettes font de vous une personne à la fois sensible et intense. Vous pensez être hypersensible ? Voyons si vous vous reconnaissez.

# Chapitre 1
Vous avez une plus grande sensibilité à ce qui vous entoure

VOS CINQ SENS SEMBLENT TRÈS DÉVELOPPÉS

Vous captez des signaux sensoriels que la moyenne des gens ne détecte pas : cette vague odeur de renfermé qui plane dans la pièce, les vibrations d'un chargeur resté branché, le tic-tac de l'horloge, le courant d'air entre deux fenêtres restées ouvertes… On dit volontiers que vous avez un « œil de lynx », l'« ouïe fine », un « nez délicat ».

VALENTIN, 28 ANS
« JE SUIS UN VÉRITABLE ŒIL DE LYNX »

« À l'école primaire, on m'appelait "Valentin Trouvetou". Lorsque quelqu'un perdait un tout petit objet, une boucle d'oreille ou autre, dans la cour de récré ou dans la classe, on venait me chercher. Je le retrouvais aussitôt. »

Vous avez beau tenter d'en faire abstraction, difficile de mettre vos sens de côté : la perception s'impose à vous et peut vite devenir envahissante.

VALÉRIE, 30 ANS
« J'AI L'OUÏE FINE »

« En groupe, je suis la seule à entendre le léger bruit émis par l'application du téléphone d'un de mes amis. Au bout d'un moment, je suis obligée de lui demander de l'éteindre, car les vibrations sonores m'empêchent de suivre la conversation. »

Car non seulement vous percevez des signaux sensoriels plus subtils, mais ils vous arrivent avec plus d'intensité, comme perçus à travers une loupe grossissante ou un amplificateur de sons. Comme une sonde qui détecterait des ultrasons et les rendrait audibles à l'oreille humaine, vous captez et amplifiez les informations de votre environnement.

SARAH, 28 ANS
« CERTAINES SENSATIONS M'AGRESSENT »

« Depuis toute petite, je ne supporte pas de toucher du velours. Ça va vous sembler bizarre, mais le bruit me fait mal aux dents. »

VOUS PERCEVEZ TOUT CE QUI SE PASSE DANS VOTRE CORPS

Ce qui est vrai pour ce qui vous entoure l'est aussi pour vous et pour votre corps. Vous percevez avec plus d'intensité tout ce qui se passe en vous-même. La moindre douleur, le plus petit inconfort, jusqu'au plus insignifiant des changements : tout est aussitôt perçu avec cette fameuse loupe grossissante. Comme vous n'êtes pas médecin, vous courrez voir le vôtre pour identifier ce que vous avez décelé (on ne sait jamais après tout, cela pourrait être le début de quelque chose de grave).

Parfois, vous hésitez à le déranger. Qu'à cela ne tienne, dites-vous que c'est grâce à votre hypersensibilité que certaines maladies sont découvertes et soignées avant qu'elles ne deviennent véritablement dangereuses.

Un hypersensible se trompe rarement quand il déclare à son docteur : « Là, ce n'est *vraiment pas* comme d'habitude. » À la différence de la personne hypocondriaque, l'inquiétude de l'hypersensible s'apaise quand il a obtenu une explication satisfaisante et légitime. Il a surtout besoin de donner sens à ce qu'il perçoit en lui, et d'être rassuré face à l'intensité de ce qu'il ressent.

JUSTINE, 35 ANS

« JE VOIS TOUT DE SUITE QUAND MA FILLE DE 12 MOIS COMMENCE À ÊTRE MALADE »

« Je sais repérer le moindre changement de comportement qui indique qu'elle fait une bronchite ou une otite. Je l'emmène aussitôt chez le médecin, dont le diagnostic confirme en général ce que j'avais pressenti. Et ma fille est ainsi soignée rapidement. »

VOUS ÊTES ATTENTIF À TOUT, TOUT LE TEMPS

Vous êtes réactif au moindre changement et avez du mal à vous adapter à la nouveauté. Vous essayez d'anticiper pour éviter les effets de surprise. Comme vous vivez intensément les stimulations, vous tentez de contrôler votre environnement autant que possible. C'est pourquoi vous êtes hypervigilant et faites attention à tout, tout le temps. Vous êtes en alerte permanente.

Et c'est aussi pour cela que vous paraissez plus anxieux que la plupart des gens. Vous êtes plus enclin à vous faire du souci pour telle ou telle chose qui pourrait ou non se produire. Vous vous projetez souvent dans l'avenir, afin de tenter d'éviter les dangers et de vous préparer à ce qui peut arriver : c'est ce qu'on appelle de l'anticipation anxieuse.

AUCUNE ATTITUDE NE VOUS ÉCHAPPE

Vous êtes également plus réceptif à tous les paramètres de vos relations avec les autres. Vous percevez les émotions, l'humeur, les états d'âme, parfois bien malgré vous. Lorsqu'il s'agit de l'un de vos proches, ces éléments vous touchent de plein fouet et il vous est particulièrement difficile de vous en protéger. Vous ressentez les émotions de l'autre comme si vous étiez à sa place, en communion, sans distinction entre lui et vous. Ces moments vous mettent à l'épreuve, car vous portez en vous l'émotion — et la souffrance — de vos proches.

SAMIR, 39 ANS
« JE SUIS SENSIBLE À LA DÉTRESSE DES AUTRES »

« Je me sens tellement concerné par les soucis des membres de ma famille ou de mes amis proches que j'ai le sentiment de les vivre avec eux. Avant, je mettais tout en œuvre pour les aider, mais je me suis rendu compte que je négligeais souvent de prendre en compte mon ressenti et mes propres besoins. »

Vous percevez aussi de manière décuplée les attitudes hostiles des autres, même si elles se manifestent de manière subtile et ne sont pas clairement déclarées. Vous les vivez comme une agression. Vous pouvez vous sentir particulièrement touché, au point de modifier votre comportement habituel.

PAUL, 46 ANS
« J'AI ÉTÉ DÉSTABILISÉ PAR L'ARRIVÉE DANS L'ÉQUIPE D'UN COLLÈGUE FROID ET DISTANT »

« Je vois bien que certaines choses le dérangent. Il ne dit rien, mais je le sens à sa réserve et dans ses attitudes. Cela me déstabilise. Je n'ose plus m'exprimer librement en réunion comme je le faisais avant. »

VOUS PERCEVEZ FINEMENT LES RAPPORTS HUMAINS

Comme vous avez une perception plus fine des rapports humains, vous avez tendance à percevoir avec plus d'acuité tous les paramètres de vos relations avec les autres. Vous identifiez une émotion au ton d'un discours. Vous notez une contradiction entre ce qu'une personne vous dit et son comportement, même subtil. On peut trouver que vous décortiquez les échanges, que vous interprétez beaucoup les paroles et les attitudes. Mais vous voyez souvent juste.

Si vous vous êtes déjà senti dévalorisé ou stigmatisé à cause de votre hypersensibilité, cela a pu générer chez vous une crainte du regard des autres. Vous avez peur que l'on ait une mauvaise image de vous, que l'on vous juge, voire que l'on vous rejette. On appelle anxiété sociale cette peur de l'autre et de son regard. L'anxiété sociale peut vous rendre encore plus attentif aux attitudes et aux paroles des autres, à l'affût des signes de mésestime ou de danger.

VOUS VOYEZ SOUVENT JUSTE

On vous a déjà dit que vous coupiez les cheveux en quatre, que vous cherchiez la petite bête. Certains se demandent même si vous n'êtes pas « parano », tant vous analysez ce que disent et font les autres. Alors, êtes-vous vraiment parano ?

Les personnes qu'on appelle paranoïaques interprètent les discours et les comportements des autres. Mais elles leur donnent le même sens : elles accusent les autres de leur en vouloir, de se moquer d'elles, de les tromper, de nourrir des complots à leur encontre, de vouloir leur faire du mal. L'autre est armé de mauvaises intentions, il ne peut en être autrement.

Il s'agit d'une conviction inébranlable pour le paranoïaque : il est incapable de se remettre en question, même quand on lui prouve le contraire. Il n'est pas accessible à la contradiction. C'est pour cela qu'on qualifie sa croyance de *délirante* : même quand il est confronté à une réalité différente, le paranoïaque persiste à adhérer à sa propre interprétation. De plus, il arrive dans certains cas qu'il *invente* complètement les signes qu'il pense percevoir chez les autres, tout en étant intimement convaincu qu'ils existent. Le dialogue s'avère alors impossible, et il s'enferme dans un monde personnel où tout est hostile.

Les personnes hypersensibles perçoivent des signaux subtils auxquels les personnes qui ont une sensibilité normale ne font pas attention. Mais les éléments perçus existent bel et bien. Un autre hypersensible pourrait les détecter. Ces signaux subtils, souvent non verbaux, sont ensuite décodés par la personne hypersensible qui va leur donner un sens.

L'interprétation peut être très variée : parfois positive (« il est content de me voir »), parfois négative (« ce que je viens de dire ne lui a pas plu »), en fonction des situations. De plus, cette interprétation peut aussi servir à savoir comment va l'autre (« je vois à l'expression de son visage qu'il est triste ») ou à mieux percevoir les différents paramètres d'une situation (« elle semble d'accord avec cette idée, mais pas lui, même s'il ne l'exprime pas »). Souvent, l'interprétation est juste.

Mais il arrive aussi que la personne hypersensible se trompe dans son interprétation, quand elle ne dispose pas de toutes les informations ou tout simplement quand elle est débordée par une émotion. L'anxiété sociale, par exemple, fréquente chez les personnes hypersensibles, entraîne une peur d'être critiqué et rejeté. Cette peur a tendance à faire chercher dans le discours et le comportement des autres tous les signes de désapprobation ou de rejet. Un hypersensible avec beaucoup d'anxiété sociale aura donc tendance à interpréter les signes non verbaux d'autrui dans le sens d'un rejet ou d'une hostilité à son égard, lui donnant cet air « parano ».

Cependant, les hypersensibles, à la différence des paranoïaques, sont tout à fait capables de remettre en question leur interprétation s'ils reçoivent la preuve que celle-ci est fausse. Ils adoptent alors une nouvelle interprétation des signaux perçus. Ils sont accessibles à la critique, et ouverts au changement d'opinion. Le dialogue est possible. Les hypersensibles qui ressentent une anxiété sociale sont aussi rassurés quand ils perçoivent des signes manifestes d'acceptation et d'estime de la part des autres.

MAIS PARFOIS TOUT S'EMBROUILLE

Quand trop de sensations vous arrivent en même temps, vos capteurs ne savent plus où donner de la tête ! Vous vous sentez débordé par un flot de sensations et d'informations. Vos récepteurs sont saturés, vous êtes en pleine confusion. Rien d'étonnant, non seulement vous recevez des signaux plus subtils, avec plus d'intensité, mais vous en recevez aussi plus à la fois : vous avez accès à une perception complexe.

MARIANNE, 33 ANS
« C'ÉTAIT LA CONFUSION »

« Je voulais intervenir en réunion pour partager une idée qui me tenait à cœur. J'ai fait signe à mon supérieur hiérarchique, qui menait les échanges. Il a acquiescé avec bienveillance. Je me sentais soutenue et prête à continuer. Mais dans le même moment, j'ai perçu un échange de regards entre deux de mes collègues et comme un sourire moqueur et complice. Ça m'a arrêtée net. Je ne savais plus quelle attitude adopter. Poursuivre, au risque de m'exposer à leurs moqueries ? Je n'avais pas envie d'être mise à l'écart du groupe.

> Mais si je faisais marche arrière, comment mon supérieur allait-il interpréter mon comportement ? Et s'il pensait que je manque de courage, que je ne sais pas ce que je veux ? Toutes ces questions défilaient dans ma tête, je me sentais perdue et je ne savais plus quoi faire. »

Si les différentes informations se révèlent contradictoires, vous voilà plongé dans une grande perplexité. Quand vous tentez d'expliquer vos doutes aux autres, ils peuvent vous dire : « Je ne te comprends pas, tu n'es pas clair. » Vous rendez simplement compte d'une réalité complexe, qui n'est ni « toute noire », ni « toute blanche », mais se décline en d'infinies variétés de gris. Pas étonnant que dialoguer avec des normosensibles soit parfois compliqué !

Chapitre 2
Vous ressentez de façon plus intense

VOUS ÊTES TRÈS EMPATHIQUE

 SACHA, 27 ANS
« J'AI LE TRAC DU SPECTATEUR »

« Un exemple d'hypersensibilité qui me vient spontanément à l'esprit, c'est avant une pièce de théâtre. Je suis spectateur et pourtant, j'ai le trac. J'en éprouve physiquement les signes que je connais bien, car j'ai moi-même joué pendant plusieurs années. Avant que cela commence et au début du spectacle, je suis angoissé, je ne peux pas m'empêcher de me mettre à la place des comédiens, d'espérer pour eux que tout se →

> déroule bien… C'est incontrôlable, j'ai beau me dire que c'est "leur problème", cela ne m'apaise pas. Cela passe seulement quand le spectacle est en cours et que, comme eux, je suis pris dans la mécanique. »

Vous êtes attentif à l'autre et capable de percevoir intuitivement ses émotions. Cela vous rend sensible à la détresse psychologique, et fait de vous quelqu'un d'altruiste qui aime aller vers les autres et leur venir en aide. À condition de savoir dresser des protections intérieures pour ne pas être déstabilisé. Cette aptitude à ressentir fait de vous quelqu'un de tolérant et les gens perçoivent cette ouverture : ils viennent spontanément vers vous et se confient facilement.

> CHRISTOPHE, 28 ANS
> **« JE M'ÉPUISE À PORTER LES PROBLÈMES DES AUTRES »**
>
> « Je suis un bon confident, mais à la longue, écouter les soucis des autres m'épuise psychologiquement. Les gens sentent que je suis disponible, alors ils viennent me parler. Et moi, j'emmagasine tout ça. Seulement aujourd'hui, je me rends compte que je n'ai peut-être pas la force de porter tous les problèmes des autres. »

Si vous manquez de remparts intérieurs et que les émotions des autres vous envahissent, il vous sera plus difficile d'aller vers eux. Comme on ferme ses volets en pleine tempête, vous aurez alors tendance à éviter les situations de grande intensité émotionnelle. La détresse des autres est pour vous une source de souffrance difficilement tolérable.

MIREILLE, 64 ANS
« J'AI L'IMPRESSION D'ÊTRE UNE ÉPONGE »

« Je suis souvent envahie par les émotions négatives que je ressens chez les autres. Récemment, en passant à côté d'un homme qui dormait dans la rue, dont je ne voyais même pas le visage, je me suis sentie submergée par une énorme vague de tristesse. Cette émotion m'a déstabilisée. J'ai dû presser le pas pour m'éloigner. »

Bien utiliser votre empathie pour être attentif à l'autre et pour développer des relations n'est possible que si vous parvenez à atténuer et transformer l'émotion perçue chez l'autre. Si vous vous sentez trop réceptif, vous pouvez avoir tendance à arborer une distance pour vous préserver. Mais il ne faut pas s'y méprendre :

cette distance n'est pas synonyme d'insensibilité ou d'égoïsme. C'est la distance protectrice instaurée par un hypersensible afin de ne pas se laisser déborder.

VOUS VIVEZ INTENSÉMENT L'AMOUR ET L'AMITIÉ

Votre capacité à développer un vécu émotionnel intense s'applique également à l'amour et à l'amitié.

Lorsque vous trouvez quelqu'un qui fait battre votre cœur, vous vivez de véritables transports amoureux : vous êtes dévoré par la passion, vous vivez chaque moment de la relation (attente, crainte, espoir, rencontres, doutes, partages) avec une intensité inouïe. Vous êtes sur des montagnes russes émotionnelles.

Si vous avez la chance de tomber sur quelqu'un qui partage votre sensibilité et vos goûts, vous pouvez vivre des moments de communion très intimes avec l'autre. Au point d'avoir le sentiment de vivre les expériences à l'unisson, dans un état de fusion, où la communication se passe de mots tant elle paraît instinctive et évidente. Vous vous engagez authentiquement, de tout votre être, dans les relations amicales ou amoureuses, et pouvez bâtir des liens d'une solidité et d'une intensité rares.

Mais lorsque l'histoire se termine, c'est la descente. Vous vivez les ruptures comme des abandons ou des trahisons. Votre détresse est à la mesure de votre investissement. Car s'il vous arrive de trouver des personnes qui vous ressemblent, ces rencontres ne sont pas les plus fréquentes. Vous êtes souvent déçu par les autres, qui ne répondent pas à vos attentes de partage et de sincérité.

C'est pourquoi certains hypersensibles ont tendance à éviter de s'engager dans une relation, de peur de souffrir s'ils s'attachent : ils préfèrent se protéger et développent des stratégies d'évitement des relations intimes.

BÉATRICE, 46 ANS
« J'AI DRESSÉ DES REMPARTS ENTRE MOI ET LES AUTRES »

« J'ai accumulé des relations amicales et amoureuses décevantes. J'ai beaucoup donné, je me suis montrée à l'écoute, j'ai accepté tant de choses. Je me suis rendue compte que ces personnes ont profité de ma bienveillance. Certaines m'ont manqué de respect et m'ont utilisée. Je n'aimais pas les conflits : dans une relation déséquilibrée ou toxique, j'avais du mal à m'affirmer, à dire ce qui me dérangeait. Il était pour moi très compliqué de rompre une relation. Après une énième déconvenue amoureuse, j'ai pris la résolution de me protéger en m'isolant. Pendant longtemps, j'ai eu tendance à me dire : "Je ne veux plus d'amis, je ne veux plus personne". »

VOTRE HUMEUR EST TRÈS RÉACTIVE

Votre humeur peut paraître changeante et instable sans raison apparente, si on l'observe de l'extérieur. En réalité, votre hypersensibilité vous rend réactif aux informations que vous recevez en permanence, et votre humeur peut alors changer rapidement en fonction de ce que vous percevez. Il est donc faux de dire que vous seriez « imprévisible » et que vos réactions seraient « injustifiées » : votre réaction a une cause. C'est simplement que la plupart des personnes ne la remarquent pas.

De même, certains peuvent vous reprocher d'être « immature », car vous réagissez à leurs yeux de manière excessive et avez du mal à contrôler vos émotions. Comme si le trajet normal de l'être humain était de parvenir à l'âge adulte à une maîtrise de ses émotions de manière à ce qu'elles deviennent invisibles aux yeux d'autrui. Nous approfondirons plus tard ce point, mais l'hypersensibilité n'est pas nécessairement synonyme d'immaturité.

VOUS RESSENTEZ TOUTE LA GAMME DES ÉMOTIONS

Quand on traverse une période de dépression, on peut se sentir à fleur de peau. On pleure tout le temps, on est susceptible, on réagit à la moindre remarque, on a tendance à tout interpréter et à voir le monde avec des « lunettes noires ». Alors, comment faire la différence entre dépression et hypersensibilité ?

Dans la dépression, l'hypersensibilité de la personne est récente et est liée à la présence d'une dépression. Elle ne se décrivait pas comme hypersensible avant. De plus, quand on est déprimé, on est surtout sensible aux émotions négatives (à la tristesse, mais aussi à l'anxiété et à la colère), et la plupart des choses perçues (venant des autres, de soi, ou de l'environnement) sont interprétées de manière négative. L'hypersensibilité aux émotions et aux pensées négatives disparaît avec la dépression, et la personne retrouve sa personnalité habituelle.

Les hypersensibles de nature vivent eux de manière intense toute la gamme des émotions, positives comme négatives. Ils s'émeuvent de tout : ils pleurent de joie comme de chagrin. Lorsqu'ils ressentent des émotions négatives, elles ne s'installent pas comme chez la personne déprimée, mais passent pour laisser la place à une autre émotion quand elle se présente. À moins que l'hypersensible ne soit lui-même déprimé...

L'hypersensibilité est une constante dans leur personnalité, et ils se décrivent hypersensibles depuis longtemps, souvent depuis toujours.

DÉPRIMÉ OU HYPERSENSIBLE ? COMMENT FAIRE LA DIFFÉRENCE			
Personne déprimée	Personne hypersensible	Personne hypersensible déprimée	
Sensibilité aux émotions			
Hypersensibilité aux émotions dites « négatives » : tristesse, peur, colère	Hyper-sensibilité à toute la gamme des émotions, « positives » comme « négatives »	Hyper-sensibilité à toute la gamme des émotions	Avec une prédominance pour les émotions « négatives »
Apparition			
Apparition récente	Depuis toujours	Depuis toujours	Apparition récente

VOUS AIMEZ L'ART ET LA BEAUTÉ

Vous aimez les choses subtiles qui réjouissent votre sensibilité. Vous êtes attiré par l'art : la littérature, la musique, la peinture, le cinéma, la danse, le théâtre… L'œuvre d'art s'adresse directement à vos sens et suscite en vous des émotions riches et variées. Vous avez un sens esthétique développé. Vous êtes très attentif à l'harmonie et à la beauté. Lorsque vous rencontrez une œuvre qui vous touche, vous vivez des émotions esthétiques très intenses.

AGATHE, 32 ANS
« DEPUIS PETITE, LA MUSIQUE FAIT NAÎTRE EN MOI DE FORTES ÉMOTIONS »

« Lorsque j'avais 3 ans, j'étais à la terrasse d'un café avec mes parents. Un violoniste jouait devant nous. Je me suis mise à pleurer. Mes parents m'ont éloignée : "Mais qu'est-ce que tu as ?" "Trop beau !", ai-je répondu. »

VOUS AVEZ BESOIN DE VIVRE LA VIE AVEC INTENSITÉ

Si certains hypersensibles tentent de se protéger des stimulations et des émotions trop intenses, d'autres au contraire les recherchent. Vivre avec intensité leur paraît être la condition nécessaire de l'existence, et ils ne se sentent vivants que dans ce flot grisant de sensations. Ils ont pris goût aux montagnes russes. Ou plus précisément, ils tentent à tout prix de rester — ou de revenir — en haut de la montagne.

VALENTIN, 28 ANS
« J'AIME PARTIR À L'AVENTURE »

« Très souvent je pense aux voyages. Je me suis rendu compte que les moments où je me sens le mieux c'est lorsque je suis sur la route, lorsque je ne sais pas vraiment ce qui m'attend dans les heures où les jours qui viennent. La première fois que j'ai ressenti cela, c'est lorsque je suis parti au Québec : tout quitter pour l'inconnu. Nous avons traversé en bus le Canada pour rejoindre l'Alberta, puis nous avons loué un van sans savoir où nous allions exactement. Dans ces situations, il y a tout un tas de sensations que j'apprécie énormément. »

Si vous faites partie de cette catégorie de personnes hypersensibles, vous êtes attiré par les plaisirs sensoriels. En fonction de votre sens privilégié, vous recherchez les expériences gustatives (la gastronomie), tactiles (les relations charnelles), auditives (la musique), visuelles (la beauté, la couleur, les arts), kinesthésiques (le mouvement, la danse, le sport)... Vous répétez ces expériences et êtes attentif à leur originalité, leur intensité ou à leur degré d'exigence.

VOUS SURRÉAGISSEZ

Ce que vous percevez vous parvient amplifié (la loupe grossissante, l'amplificateur de sons) et vous y réagissez de manière proportionnelle : vous « surréagissez ».

Un bruit soudain et vous sursautez, votre cœur s'emballe comme si vous aviez fait face à un grand danger, il vous faut du temps pour vous remettre de votre frayeur. La musique des voisins, qui ne semble pas déranger les autres, vous indispose fortement. La douleur que vous ressentez au niveau de votre épaule vous préoccupe, vous pensez aux différentes maladies qui pourraient en être la cause et vous vous inquiétez déjà des conséquences. Vous discutez au téléphone avec une amie qui a un chagrin d'amour et une tristesse vous envahit.

Bref, vous êtes une « super-alarme », c'est-à-dire que vos réactions émotionnelles, elles aussi, sont décuplées. Pas étonnant qu'on vous dise souvent : « Tu exagères ! »

PAULINE, 31 ANS
« JE PLEURE FACILEMENT »

« Je pleure pour un rien. Un moment émouvant dans un film, une chanson qui me rappelle un souvenir, une nouvelle, un câlin… Et je pleure. Pas moyen d'arrêter mes larmes : elles coulent toutes seules. Ça m'énerve ! Je vois bien que les autres trouvent cela ridicule. »

Certaines perceptions ou stimulations sont si intenses qu'elles provoquent chez vous un véritable tsunami émotionnel : vous êtes submergé par l'émotion. Dans ces moments où le contrôle vous échappe, vous pouvez adopter deux comportements très différents.

Soit l'émotion inhibe chez vous toute action : elle vous paralyse. Vous tentez alors par tous les moyens de vous soustraire aux sollicitations, vous fuyez la situation. Vous évitez votre ami qui va mal, car sa douleur vous indispose. Vous fuyez votre supérieur pour éviter tout affrontement, car vous craignez de perdre vos moyens. Vous adoptez ce qu'on appelle des stratégies d'évitement.

VALENTIN, 28 ANS
« JE ME SENS DÉBORDÉ PAR LES ÉMOTIONS DES AUTRES »

« L'autre jour, j'étais chez un couple d'amis. Je les attendais car nous avions prévu de nous rendre ensemble à une soirée. Leurs préparatifs s'éternisaient, le retard s'accumulait. Mes deux amis se sont mis à montrer des signes de tension. Le ton est monté progressivement entre eux. Je n'ai pas supporté leur dispute, j'ai préféré m'éclipser. Voyant mon malaise, ils ont voulu me rassurer. Mais c'était impossible pour moi de rester après ça. J'avais besoin de rentrer chez moi. »

VOUS RESSENTEZ DE FAÇON PLUS INTENSE

HÉLÈNE, 42 ANS
« JE PRÉFÈRE M'ENFUIR »

« Je suis *très* sensible aux autres. Je perçois l'émotion sur leurs visages, mais je ne sais pas comment y réagir. Quand je devine de la tristesse chez quelqu'un, je me sens bloquée. Les mots ne sortent plus de ma bouche. J'ai peur de renvoyer à l'autre sa tristesse. Je me dérobe pour diminuer l'intensité de ce que je ressens à l'intérieur. »

Soit vous ne parvenez pas à contenir votre réaction émotionnelle, et avez besoin d'extérioriser, de décharger ce trop-plein d'émotions. Vous réagissez immédiatement à ce que vous avez perçu. Vous pouvez alors manifester une grande angoisse, fondre en larmes ou exploser de colère. Et, toujours à cause de cet effet amplificateur, votre réaction peut être impressionnante pour les autres : elle leur paraît en général excessive, disproportionnée.

MARIANNE, 33 ANS
« J'AI CRAQUÉ À FORCE DE PRENDRE SUR MOI »

« Cela faisait un moment que je supportais les moqueries de certains collègues. Je me raisonnais en me disant qu'on ne pouvait pas plaire à tout le monde. Je me suis accrochée, car je savais au fond de moi que j'avais des compétences, qui était d'ailleurs reconnues par ma hiérarchie. Mais chaque regard moqueur, chaque attitude méprisante, chaque parole malveillante me touchaient. Je me sentais de plus en plus atteinte par ce harcèlement au quotidien. Un jour, j'ai dû affronter une nouvelle injustice, bien franche et bien attaquante. C'était trop. Toute cette colère que j'ai accumulée a explosé en réunion. Je leur ai dit sans ménagement ce que je pensais d'eux. De retour dans mon bureau, je me suis écroulée sur mon fauteuil et j'ai fondu en larmes. »

ATTENTION À L'ÉPUISEMENT

Gérer les nombreuses stimulations qui vous arrivent en permanence dévore votre énergie. C'est pourquoi vous êtes plus sensible à la fatigue que la moyenne. Prenez garde à ne pas vous épuiser. Et n'hésitez pas à vous accorder du repos pour vous remettre de ces multiples sollicitations.

Comme vos réactions sont plus intenses, vous dépensez également plus d'énergie que les autres à discipliner vos émotions et vos sentiments. En conséquence, lorsque vous êtes fatigué, votre capacité à contrôler vos réactions émotionnelles diminue. Les larmes montent plus facilement lorsque vous êtes ému, vous avez plus de mal à maîtriser l'expression de votre colère. Vous êtes alors plus susceptible de vivre ces fameux débordements émotionnels qui impressionnent tant les autres, et vous rendent parfois la vie difficile. Autant de raisons de prendre soin de vous !

CAROLINE, 58 ANS
« J'AI BESOIN DE DÉCHARGER MES ÉMOTIONS »

« Je suis désolée de m'effondrer en larmes comme ça devant vous. Ne vous inquiétez pas, je vais bien. Je suis juste fatiguée. J'ai beaucoup de travail en ce moment. J'ai besoin de décharger toute cette tension accumulée durant la journée. Voilà, ça va déjà mieux. »

Vous percevez enfin avec davantage d'intensité les relations hostiles ou agressives. Être exposé de manière régulière à une hostilité, même masquée, est particulièrement pénible pour vous. Vous devez puiser dans vos réserves d'énergie pour la supporter. Vous êtes donc plus vulnérable au harcèlement. Ne présumez pas trop de vos capacités à endurer ces situations. Restez avant tout à l'écoute de vous-même et n'hésitez pas à vous protéger et à trouver des stratégies pour vous préserver du contact des personnes malveillantes (nous verrons comment au chapitre 6).

ÊTRE HYPERSENSIBLE, C'EST :

> Être un expert des signaux subtils.
> Avoir une perception riche et complexe.
> Avoir beaucoup d'empathie.
> Percevoir finement les détails.
> Nouer des relations profondes et authentiques.
> Avoir une alarme émotionnelle intense.
> Ressentir intensément les émotions, positives comme négatives.
> Être sensible à l'art et à la beauté.
> Être plus facilement sujet à l'anxiété et à l'épuisement.

TEST : ÊTES-VOUS HYPERSENSIBLE ?

Vous vous reconnaissez dans le portrait d'un hypersensible ? Certaines choses vous concernent, d'autres moins ? Vous vous demandez si vous êtes vraiment hypersensible ? Faites le test !

Vous trouverez ci-dessous différentes affirmations : répondez par « oui » ou par « non » si vous avez le sentiment que ces phrases décrivent votre comportement habituel et votre personnalité.

	OUI	NON
1. Vous percevez des bruits, des odeurs, des détails visuels ou des sensations tactiles que les autres ne remarquent pas habituellement		
2. Vous avez du mal à supporter les bruits forts, comme les sirènes, les cris, certains instruments de musique…		
3. Vous n'aimez pas les lumières intenses ou les couleurs criardes		
4. Les odeurs fortes vous indisposent		
5. Au point d'en éprouver un malaise physique		

→

	OUI	NON
6. Parfois, vous percevez trop de bruits ou de sensations autour de vous et vous avez du mal à vous concentrer		
7. On dit de vous que vous êtes quelqu'un de sensible		
8. Vous êtes facilement ému		
9. Vous réagissez au moindre changement dans votre environnement		
10. Vous ressentez intensément les émotions positives comme négatives		
11. Vous percevez facilement les émotions des autres à travers le ton de leur voix et leurs attitudes, même s'ils ne les expriment pas clairement		
12. Vous ressentez émotionnellement, voire corporellement, les émotions des autres (de l'anxiété avec quelqu'un d'anxieux, de la tristesse avec une personne triste)		
13. Vous décortiquez vos échanges avec les autres pour donner du sens à tout ce que vous avez entendu et perçu		
14. Les personnes ont tendance à se confier facilement à vous		
15. Parfois, vous ressentez le besoin de fuir pour ne pas vous confronter à une émotion trop intense		
16. Parfois, vous vous sentez débordé par les émotions et vous « explosez » sous forme de crises de larmes ou de colère		

VOUS RESSENTEZ DE FAÇON PLUS INTENSE

	OUI	NON
17. En amour ou en amitié, vous vous attachez profondément à l'autre		
18. Les ruptures amoureuses et les conflits amicaux sont pour vous source d'une importante détresse		
19. Vous tentez d'éviter à tout prix de vous attacher aux autres, par peur d'être déçu ou blessé		
20. Vous aimez l'art (peinture, musique, théâtre, littérature...) et les choses subtiles, qui parlent à votre sensibilité et l'exaltent		
21. Vous êtes très friand des plaisirs sensoriels		
22. Vous pouvez vivre des émotions esthétiques intenses		
23. Vous éprouvez le besoin de partager ces émotions avec des personnes qui ont la même sensibilité que vous		
24. Petit, on vous considérait souvent comme un enfant sensible ou émotif		
25. Vous éprouvez régulièrement le besoin de vous isoler afin de prendre de la distance avec vos sensations et vos émotions		
26. Vous supportez mal la fatigue, et y êtes plus sensible que la plupart des gens		

Votre résultat

Additionnez votre nombre total de réponses « oui ».
- Si vous en obtenez moins de 8 : vous semblez avoir une sensibilité normale.
- Si vous en obtenez entre 8 et 14 : vous êtes plus sensible que la plupart des gens.
- Si vous en obtenez 15 ou plus : vous êtes probablement hypersensible.

Ce test n'a pas une valeur diagnostique. Il permet de mieux connaître votre sensibilité générale, et de mettre en lumière chez vous des caractéristiques fréquemment rencontrées chez les personnes hypersensibles.

CORALIE, 46 ANS
« J'AI APPRIS À M'ÉCOUTER APRÈS UN BURN OUT »

« À l'époque, ma supérieure me menait la vie dure et j'étais surchargée de travail. Je n'ai pas prêté attention aux signaux d'alerte de mon corps et j'ai fini par m'écrouler. J'ai fait un burn out. Alors, j'ai commencé une thérapie pour comprendre comment j'en étais arrivée là.

Petite déjà, je prenais beaucoup sur moi. Mes parents étaient débordés par leurs propres problèmes. Ils ne m'ont ni écoutée, ni valorisée. Alors, pour ne pas déranger, je me suis mise entre parenthèses.

J'ai eu du mal à poser des limites. Grâce à ma sensibilité, j'étais très attentive à l'autre. Je me suis retrouvée avec des hommes qui profitaient de ma bienveillance. Je n'imaginais pas qu'ils puissent avoir de mauvaises intentions, j'espérais toujours qu'ils changeraient avec le temps. J'ai supporté les difficultés psychologiques du père de ma fille jusqu'à ce qu'il mette en danger ma famille. Après la séparation, j'ai décidé de ne plus m'impliquer dans des relations.

Avec la thérapie, j'ai appris à écouter mes intuitions au sujet des autres. Maintenant, je me protège. Dans mes relations amicales comme amoureuses, j'ai fait le tri entre les personnes toxiques et celles qui m'apportent. Je suis plus apaisée. Je sais maintenant que ce n'est pas la solitude qui m'effraie. J'avais besoin de reconstruire une image positive de moi-même et de me faire confiance. »

VOTRE HYPERSENSIBILITÉ EST UNE FORCE

On vous dit que vous êtes trop sensible, trop émotif, trop fragile ? On vous persuade que vous avez des réactions immatures, que vous interprétez tout, que vous ne savez pas vous contrôler ? Vous finissez par penser que vous avez « un problème », que vous n'êtes « pas normal »... Le regard social porté sur l'émotion est souvent négatif, mais les émotions recèlent des messages qu'il est bon d'entendre. Et votre hypersensibilité peut devenir une véritable source de compétences.

Chapitre 3
Commencez par changer de regard

ARRÊTEZ DE FAIRE COMME SI VOS ÉMOTIONS N'EXISTAIENT PAS

Les émotions ont mauvaise presse dans la société actuelle. La seule émotion que l'on tolère est la joie. Mais pas une joie authentique. Une joie aussi spontanée que le « spaghettiiiii » que nous entonnions en cœur pour la photo de classe annuelle. Une joie artificielle et surjouée : un « masque de bien-être » qu'on nous contraint à porter, histoire d'être de bonne compagnie et de surtout ne rien laisser paraître de nous-mêmes.

Les autres émotions primaires (tristesse, peur, colère) sont considérées comme des signes de faiblesse ou de manque de contrôle. On nous apprend à les étouffer. Il existe une règle sociale non formulée : celle de se taire en toute circonstance, de ne surtout pas « faire de vagues ». On nous fait comprendre que laisser voir nos émotions — voire pire, leur laisser libre cours en les exprimant volontairement — risque de nous marginaliser et de nous exclure du groupe.

On nous demande de prendre modèle sur ceux qui décident pour nous, et qui nient si bien ce que nous pouvons ressentir. On nous demande de faire « comme si » nos émotions n'existaient pas. On nous prie de rester dociles et muets. Comme si manifester ses émotions pouvait être dangereux pour l'ordre social.

Mais cet impératif social d'étouffement et de contrôle émotionnel se fait à un prix personnel très élevé.

ÉCOUTER ET EXPRIMER SES ÉMOTIONS, C'EST SAIN

On apprend dès notre plus jeune âge à réprimer nos émotions. Combien de fois un enfant hypersensible a-t-il entendu ses parents le réprimander et le culpabiliser : « Arrête de pleurer, tu nous fais honte ! Que vont penser les gens ? Que tu es un bébé ? Que tu es mal élevé ? »

Les émotions débordantes semblent naturelles chez les tout-petits, on accepte qu'ils puissent avoir des difficultés à contenir leurs larmes ou leur colère. Nous naissons avec un système émotionnel très réactif et très expressif, qui avant la parole est notre principal mode d'expression et de communication avec ce qui nous entoure. On admet alors que les pleurs d'un bébé soient l'équivalent d'un message que les parents doivent apprendre à décoder.

Mais ce qui est toléré chez le tout-petit ne l'est rapidement plus chez l'enfant qui grandit. On lui demande de se maîtriser, d'accepter que ses besoins ne soient pas satisfaits et de ne pas s'en émouvoir. Il est évident que l'enfant doit apprendre à gérer la frustration, car cela lui permettra d'affronter bien des épreuves dans sa vie d'adulte (on n'a pas toujours ce qu'on veut, la réalité fait parfois obstacle à notre désir).

De la même manière, l'apprentissage des règles sociales et des enjeux de pouvoir se fait souvent à travers des expériences douloureuses d'injustice, et l'enfant apprendra malheureusement qu'il n'est pas toujours possible « de faire justice ».

Cependant, donner à son enfant les ressources pour affronter les difficultés de la vie, lui permettre de survivre à des épreuves et de continuer à avancer malgré elles, ne veut pas dire nier les émotions qu'il ressent, voire pire, les discréditer. Au lieu de lui apprendre à les taire, mieux vaut lui apprendre à les comprendre. Et à ne plus en avoir peur.

HYPERSENSIBLE NE VEUT PAS DIRE IMMATURE

On entend souvent que les hypersensibles sont immatures, comme si l'hypersensibilité était l'apanage des petits, et qu'être hypersensible revenait à réagir comme un enfant. Quel raccourci !

Être mature, ce n'est pas savoir contrôler ou réprimer ses réactions émotionnelles. Être mature, c'est pouvoir se positionner comme un adulte, c'est-à-dire prendre des décisions éclairées et endosser des responsabilités qui font de vous une personne autonome, capable de choisir en toute conscience et d'assumer son trajet de vie.

Un hypersensible peut avoir des réactions émotionnelles intenses, et être parfaitement capable de prendre des décisions mûrement réfléchies, à distance de l'émotion mais tout en tenant compte des informations précieuses que cette émotion lui apporte sur lui-même et sur la situation qu'il rencontre. De même, l'hyperperception et l'hyperréactivité des hypersensibles ne les empêchent aucunement d'être des personnes de confiance, d'assumer des responsabilités, et d'être autonomes.

HYPERSENSIBLE NE VEUT PAS DIRE DÉPENDANT

Beaucoup d'hypersensibles, conscients de leurs profonds liens d'attachement et de leur détresse lors des ruptures, se demandent s'ils ne sont pas trop dépendants affectivement. Sont-ils incapables de rester seuls ? Leur façon si particulière de nouer des relations avec autrui viendrait-elle d'une forme d'immaturité affective ?

Soyons clair, l'hypersensibilité n'est pas synonyme de dépendance affective. Si les personnes hypersensibles craignent les ruptures sentimentales, c'est parce qu'elles s'attachent profondément à l'autre et appréhendent la douleur de la séparation. Elles ne craignent pas la solitude en tant que telle, et peuvent être capables de poursuivre un chemin solitaire. L'hypersensible regrette la fin d'une relation particulière, dans tout ce qu'elle a de singulier et d'authentique.

Les personnes qui sont dépendantes affectivement, quant à elles, ont peur d'être seules et ressentent le besoin d'être en permanence dans une relation qui les préserve de cette solitude. Le dépendant affectif craint la fin et l'absence de toute relation, peu importe la relation dont il s'agit.

Il existe des personnes qui sont à la fois concernées par l'hypersensibilité et la dépendance affective. Mais les deux ne se recoupent pas nécessairement. Et surtout, l'hypersensibilité ne se réduit pas à la dépendance affective.

ET QUAND ON EST UN GARÇON HYPERSENSIBLE ?

On s'imagine que l'hypersensibilité est l'apanage de la femme. Nombre de garçons hypersensibles ont souffert de ce raccourci, et leur entourage porte un regard négatif sur leur sensibilité : « Tu as une sensibilité de jeune fille », « Une vraie femmelette ». On attend souvent d'un garçon qu'il contrôle ses émotions, en particulier la tristesse et l'anxiété, qu'on perçoit à tort comme des signes de faiblesse : « Un garçon, ça ne pleure pas. »

ROMAIN, 23 ANS
« MON PÈRE N'ACCEPTAIT PAS MA SENSIBILITÉ »

« Mon père était un homme imposant, l'image même de la virilité. Il aimait les sports de combat. J'étais tout le contraire. J'aimais les activités solitaires, les jeux d'adresse et la lecture. Il a souffert de ne pas avoir le fils idéal qu'il s'était imaginé, un petit garçon sportif et bagarreur. Nous échangions peu. Nouer un lien plus profond avec moi l'aurait confronté peut-être à sa propre sensibilité. Je crois que sa virilité affichée lui servait de rempart. J'ai toujours eu la sensation qu'il me rejetait à cause de cela. »

Si les femmes montrent souvent plus de sensibilité que les hommes, les causes en sont multiples. On sait que la sensibilité est un atout important dans la maternité : le fait de pouvoir identifier et répondre aux besoins d'un enfant, notamment lorsqu'il ne parle pas encore, présente bien des avantages. Mais d'autre part, force est de constater que l'éducation met davantage de pression aux garçons pour qu'ils contiennent et étouffent leurs émotions. L'hypersensibilité n'est pas le propre d'un sexe ou d'un autre. Il existe des femmes peu sensibles, ce qui ne les rend pas moins femmes. Tout comme il existe des hommes très sensibles, ce qui ne les rend pas moins hommes.

Chapitre 4
Pourquoi est-on hypersensible ?

L'hypersensibilité n'est pas un phénomène rare : elle touche de nombreuses personnes. Par exemple, la proportion des personnes hypersensibles aux États-Unis a été estimée entre 15 et 20 % de la population par la chercheuse Elaine Aron[*]. Les hypersensibles auraient des similarités de fonctionnement qui dépasseraient leurs différences culturelles.

---

[*] *The Highly Sensitive Person*, Birch Lane Press Book, 1996.

UNE APTITUDE INNÉE
À ÊTRE PLUS SENSIBLE

Chassons tout de suite un préjugé répandu : on ne devient pas hypersensible à l'âge adulte parce qu'on n'aurait pas appris à contrôler ses émotions enfant. L'hypersensibilité n'est pas un défaut d'apprentissage. Les adultes hypersensibles étaient déjà, pour la plupart, des bébés et des enfants avec une sensibilité plus importante que la moyenne.

ARTHUR, 4 ANS
« IL EST NÉ COMME ÇA »

« Arthur est curieux et plein d'énergie, mais il est hypersensible. Il a eu d'importants problèmes de sommeil quand il était bébé. Il se réveillait au plus petit bruit, pleurait et avait besoin d'être beaucoup rassuré et réconforté pour se rendormir. J'étais inquiète et j'ai consulté. Arthur a alors été identifié comme un enfant à haut potentiel (surdoué) avec une hypersensibilité. Aujourd'hui, son père et moi sommes attentifs à cet aspect de sa personnalité, et essayons de comprendre ce qu'il ressent. Petit à petit, Arthur gère de mieux en mieux ses émotions. »

Comme les autres enfants, les petits hypersensibles ont appris à « faire avec » leurs émotions. Ils ont développé des stratégies de gestion émotionnelle. Ces stratégies se sont révélées plus ou moins saines et efficaces, en fonction du modèle fourni par les adultes qu'ils ont côtoyés.

Soit leurs parents et les autres adultes qui se sont occupés d'eux ont accueilli avec bienveillance leur sensibilité : ils les ont aidés à entendre, à accepter, puis à surmonter leurs émotions. Ces enfants hypersensibles ont alors appris à utiliser leurs émotions comme une source importante de connaissance. Ils ont construit, dans la confiance, une image valorisante d'eux-mêmes. Ils acceptent leurs particularités et savent exploiter leurs ressources.

Soit les adultes qui se sont chargés de leur éducation se sont retrouvés très embarrassés par la sensibilité débordante des petits hypersensibles. Ils ont tenté de réprimer cette sensibilité et l'ont stigmatisée. Ces enfants ont appris à refouler leurs émotions, parfois même ont tenté progressivement d'isoler cette partie d'eux-mêmes en dressant un énorme mur intérieur. Ils ont tenté de contrôler à tout prix leur émotivité, vivant chaque débordement comme un échec, se sentant faibles et coupables. Ils ont construit une image négative d'eux-mêmes, et ne s'autorisent pas à accéder à leurs étonnantes ressources.

Mais quelles que soient les méthodes éducatives, cette disposition innée perdure. Parfois en secret, quand les petits hypersensibles ont dû combattre leur nature. Comme ils étaient des enfants plus sensibles, ils restent des adultes plus sensibles.

LES EXPÉRIENCES DE VIE DÉVELOPPENT L'HYPERSENSIBILITÉ

Il arrive aussi que l'hypersensibilité, déjà présente, se développe davantage en raison de l'histoire de vie. Certains environnements familiaux ou certaines épreuves conduisent l'enfant à devoir être plus attentif à ce qui l'entoure et à ce qu'il ressent.

ROSE, 31 ANS
« J'AI APPRIS TRÈS TÔT À SURVIVRE »

« Mon père travaillait beaucoup et était peu présent. Ma mère était dépressive. Elle a sombré petit à petit dans l'alcool. Petite, je me suis souvent retrouvée en danger à cause de son manque d'attention. Parfois, elle se montrait irresponsable et agressive avec moi. Je devais être très attentive et prévoir ses réactions. Je devais déjouer certaines de ses tentatives de manipulations si je voulais me protéger. Très tôt, j'ai dû me poser des questions si je voulais survivre. L'avantage, c'est qu'aujourd'hui, je suis très habile pour identifier ce que les autres ressentent et pour déceler leurs intentions. »

Quand on évolue, enfant, dans un contexte d'insécurité physique ou qu'on vit un traumatisme important, on peut développer une hypervigilance à son environnement. On guette le moindre signe de changement et de danger pour être prêt à y réagir.

Si on a grandi dans un contexte d'insécurité affective, on devient très attentif aux émotions et aux réactions des autres. On tente ainsi d'anticiper un danger d'ordre affectif ou social (agressivité, rejet, abandon…).

Les réactions émotionnelles servent de signal d'alarme et aident à survivre dans un environnement hostile, changeant et complexe. Même lorsque le climat s'apaise, on garde à l'âge adulte cette vigilance au changement et cette acuité relationnelle.

Bien sûr, l'hypersensibilité peut également se développer dans un contexte plus favorable à l'épanouissement personnel. Lorsque sa sensibilité est bien accueillie par les adultes, le petit hypersensible peut explorer cette partie de lui-même et faire des expériences. La rencontre avec les arts, avec des activités créatives, ou avec des activités qui stimulent les sens, va progressivement développer et affiner ses perceptions et ses sensations. Ces domaines vont également lui donner la possibilité d'exprimer ce qu'il ressent et d'aller ainsi à la rencontre de sa personnalité et de ses compétences. Si on lui donne l'occasion de découvrir et d'exercer ses capacités, l'enfant hypersensible pourra exploiter des ressources qui lui serviront toute sa vie.

EXERCICE PRATIQUE

Faites le point
> Quel enfant hypersensible étiez-vous ?
> Comment les adultes autour de vous ont-ils accueilli votre hypersensibilité ? Ont-ils tenté de la réprimer ou vous ont-ils aidé à la comprendre et à la valoriser ?
> Votre hypersensibilité vous a-t-elle servi dans l'enfance ?
> Quelle image de vous-même avez-vous construite ?
> Acceptez-vous votre hypersensibilité ?

Chapitre 5
Vous avez des supers pouvoirs !

LE POUVOIR DES ÉMOTIONS

N'est-il pas dommage d'apprendre à étouffer nos émotions, alors qu'elles font partie intégrante de nous et qu'elles ont une véritable fonction ? Nos émotions sont des signaux, des messages, et nous disent bien des choses : sur nous-mêmes, sur les autres et sur ce qui nous entoure. Chaque émotion nous aide à prendre conscience de ce que nous sommes en train de vivre, mais aussi à y réagir.

- **La peur**, par exemple, nous alerte de la présence d'un danger ou d'une menace. Mais elle nous prépare aussi à nous y adapter. Soit nous fuirons le danger s'il est trop important et ne peut être combattu. Soit nous l'affronterons. C'est la fameuse réponse « combat-fuite » (« fight or flight ») décrite par Walter Bradford Cannon dans le monde animal.

Bien sûr, nos comportements sont plus complexes dans les environnements humains et sociaux qui sont les nôtres (se faire discret, chercher du soutien ou du secours chez autrui, avoir recours à la ruse et à la manipulation...). Ils peuvent même comprendre différentes phases (affronter dans un premier temps puis effectuer une retraite stratégique...), mais ils s'articulent autour de cet axe décisionnel affrontement/évitement.

Et si nous sommes des êtres anxieux, ce n'est pas pour rien : la peur est une émotion qui a favorisé la survie de nos ancêtres, ils nous ont transmis cette capacité d'alarme. Nous pouvons aussi anticiper un danger. Cela permet de nous y préparer en déterminant la meilleure stratégie à adopter, voire à agir de telle sorte que la situation redoutée ne se produise pas. Ainsi, anxiété et anticipation sont liées et il est faux de dire que « la peur n'évite pas le danger ». Un être sans peur serait un être vulnérable et sans beaucoup de chances de survie dans le monde naturel comme dans le monde social. Loin d'être un signe de faiblesse, la peur est donc une émotion essentielle.

- **La colère** nous alerte quand on nous manque de respect ou quand on nous blesse. Elle nous signale que nous allons devoir nous défendre, et nous donne l'énergie de nous battre en nous mobilisant vers l'action.

- **La tristesse** nous sert à prendre conscience de la perte ou de la séparation. Elle nous permet d'apprécier la valeur que nous accordons à ce qui est momentanément ou définitivement perdu. C'est une étape nécessaire du travail de deuil, qu'il soit réel (décès d'une personne proche) ou symbolique (accepter un échec ou une rupture). La tristesse mène à l'acceptation.

- **La joie** manifeste notre bien-être : elle nous informe que nous ressentons à la fois de l'apaisement et de la plénitude.

Elle peut être liée à l'accomplissement de soi (réalisation d'un objectif qui nous tient à cœur) comme à la capacité de se réjouir pour quelqu'un que nous aimons (bonne nouvelle partagée par un proche). Elle nous sert aussi à prendre conscience de nos liens d'appartenance, d'apprécier l'amour que nous ressentons pour nos proches à travers le plaisir que nous avons à les retrouver et à bénéficier de leur présence. Elle nous donne un sentiment de complétude, comme si à ce moment précis tout était réuni pour notre bien-être.

- **Le dégoût** est une réaction d'aversion face à quelque chose que nous rejetons. Il peut s'agir d'un aliment, d'un objet, d'une personne, d'une idée ou d'une situation. Ce qui nous dégoûte est incompatible avec nos goûts ou nos valeurs, peut-être même nocif ou toxique. Le dégoût nous incite à nous en tenir éloignés.

- **La surprise** est une émotion qui se manifeste lorsque nous sommes face à un événement inattendu. Elle nous met dans un état de stupeur et de paralysie : elle nous permet de marquer un temps d'arrêt et de prendre en compte la nouvelle donnée. Elle est très brève (quelques secondes en général) et laisse rapidement place à une autre émotion (peur, tristesse, colère, joie) selon la situation.

Les autres émotions sont considérées comme des mélanges des émotions primaires.

LE RÔLE DES ÉMOTIONS		
Émotion	**Situation**	**Utilité adaptative**
Peur	Danger immédiat Danger lointain anticipé	Fuir ou combattre Agir pour éviter un danger à venir
Colère	Manque de respect Blessure	Combattre
Tristesse	Séparation Perte	Accepter la perte
Joie	Bien-être	Manifester le confort
Dégoût	Aversion	Éviter un élément inacceptable ou nocif
Surprise	Situation inattendue	Marquer un temps d'arrêt

Les émotions ont des effets physiologiques et corporels. Même quand elles ne sont pas verbalisées directement, elles s'expriment à travers des éléments non verbaux : ton et rythme de la voix, expressions du visage, gestes, posture, attitudes… Les hypersensibles sont très attentifs à ces éléments, ils les détectent plus facilement et avec plus d'intensité que la majorité des personnes. C'est pourquoi ils identifient les émotions d'autrui, même quand elles sont dissimulées.

UN ATOUT POUR SURVIVRE DANS LE MONDE ACTUEL

L'hyperempathie d'une mère envers son bébé lui permet de comprendre ses besoins alors qu'il ne parle pas encore. Les signaux sont le tonus et les mouvements du corps, les mimiques, la tonalité des pleurs et des cris, le comportement général… La mère traduit ensuite ces signaux en message : « J'ai faim, je veux téter », « je n'arrive pas à dormir, j'ai besoin que tu m'aides et que tu me berces » ou encore « j'ai mal au ventre, je suis malade, j'ai besoin que tu m'aides à ne plus avoir mal et à me sentir à nouveau bien ».

Et elle y répond en donnant le sein, en berçant son enfant ou en l'emmenant chez le médecin.

Un nourrisson qui a une mère empathique a plus de chances de bénéficier d'un climat de confort physique et affectif, et de se sentir en sécurité. Dans l'état de nature, il a davantage de chances de survivre. On comprend donc pourquoi cette hypersensibilité sélective (car liée à la relation mère/enfant) a été transmise au cours de l'évolution : elle présente un véritable avantage en matière d'adaptation et de survie de l'espèce.

De même, être hypervigilant et déceler les moindres changements de l'environnement permet de prévenir rapidement un éventuel danger et d'y faire face. Dans l'état de nature, on repérait mieux un tigre quand on percevait le moindre mouvement dans la végétation, le moindre craquement de brindilles au sol.

Dans les environnements sociaux complexes d'aujourd'hui, percevoir et décoder les émotions dissimulées d'autrui permet de recueillir bien des informations et d'y adapter notre comportement. Si vous percevez une contradiction entre le discours manifeste de votre supérieur qui vante vos mérites de manière convenue, et une attitude non verbale qui manifeste son détachement et son mépris profond, vous saurez à quoi vous en tenir et ferez, par exemple, attention à vous protéger dans votre travail. Aujourd'hui, les dangers peuvent se révéler relationnels et complexes. Être particulièrement attentif aux émotions et aux attitudes des autres, avoir accès à une perception complexe, constituent un atout précieux.

DES TALENTS PROFESSIONNELS

Votre hypersensibilité est une opportunité de développer des compétences particulièrement utiles dans différents domaines de votre vie. À condition d'arriver à changer votre point de vue : il faut puiser dans votre hypersensibilité plutôt que tenter de la réprimer. Beaucoup d'hypersensibles ont réussi à exploiter leurs particularités et à en tirer le meilleur, parfois même sans en avoir conscience, pour en faire un métier et trouver leur place dans la société.

Savoir identifier les émotions de l'autre, comprendre ce qu'il ressent, est très utile dans tous les métiers où la relation est centrale. Les secteurs des services, du commerce, de la santé et du social sont des domaines où les hypersensibles rencontrent du succès. Leur empathie devient une véritable compétence professionnelle. Leur intérêt pour l'autre étant sincère, ils sont très appréciés. Les psychologues exploitent souvent leur propre sensibilité pour identifier les émotions de leurs patients et leur apprendre à mieux les accepter et les utiliser.

Les métiers créatifs et artistiques viennent également puiser dans l'hypersensibilité. La plupart des artistes se servent de leurs émotions et de leur sensibilité pour créer des œuvres originales qui touchent leurs contemporains. L'expression de ce qu'ils ressentent au plus profond d'eux-mêmes se manifeste dans le dessin, la peinture, la musique, la sculpture, la danse... et vient faire appel à la sensibilité de celui qui reçoit et admire l'œuvre d'art.

Et vous, comment utilisez-vous votre hypersensibilité ?

EXERCICE PRATIQUE

QUEL RÔLE JOUE VOTRE HYPERSENSIBILITÉ DANS VOTRE VIE ACTUELLE ?

Complétez ce tableau en détaillant la façon dont vous utilisez votre hypersensibilité dans chaque domaine.

Ma vie professionnelle	
Ma vie familiale	
Ma vie amoureuse	

QUEL RÔLE JOUE VOTRE HYPERSENSIBILITÉ DANS VOTRE VIE ACTUELLE ?	
Mes relations sociales	
Mes loisirs et centres d'intérêt	

UNE PLUS GRANDE RICHESSE INTÉRIEURE

Il y a plein de raisons pour lesquelles la vie vaut encore plus la peine d'être vécue quand on est hypersensible. Vous l'avez compris, tout est plus intense et prend une autre dimension. Si vous vivez intensément les émotions négatives, vous vivez également les émotions positives comme de véritables transports. Quand vous ressentez de la joie, que vous êtes heureux, vous percevez émotions et sentiments avec une puissance décuplée. Vous êtes donc bien plus joyeux, bien plus heureux, que la moyenne des gens. Vous vivez des expériences auxquelles seuls les hypersensibles ont accès. C'est un privilège dont vous devez prendre conscience.

Grâce à votre sensibilité et à votre perception complexe, vous avez développé un vécu intérieur plus riche et plus nuancé. En réponse aux informations variées qui vous parviennent, vous avez construit une personnalité plus subtile et plus complexe. L'hypersensibilité va de pair avec une plus grande richesse psychologique.

Vos relations avec les autres sont plus profondes. Lorsque vous rencontrez des personnes qui partagent votre sensibilité, vous établissez avec elles des échanges riches et intenses, qui vous nourrissent réciproquement et contribuent à votre développement personnel. Plus que quiconque, vous avez les ressources pour construire des liens enrichissants, solides et authentiques.

UNE SENSIBILITÉ AU SERVICE DE L'INTELLIGENCE

A priori, quel rapport peut-il y avoir entre l'hypersensibilité et l'intelligence ? Pour résoudre un problème (au sens large), nous ne nous servons pas uniquement de nos compétences logiques, nous pouvons aussi utiliser notre sensibilité. L'intelligence ne se réduit pas aux compétences logico-mathématiques : elle est beaucoup plus large. Loin du cliché de l'élève fort en maths, l'intelligence fait appel à de multiples compétences, selon le domaine auquel on l'applique.

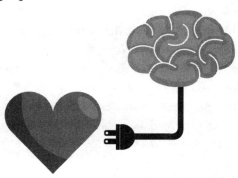

Les intelligences multiples selon Howard Gardner[*]

› Intelligence langagière : capacité à utiliser le langage pour organiser sa pensée et l'exprimer.

› Intelligence logico-mathématique : aptitude à calculer, mesurer, résoudre des problèmes logiques et mathématiques.

› Intelligence spatiale : capacité à se situer dans l'espace et à se représenter des problèmes de manière spatiale.

› Intelligence intrapersonnelle : capacité à utiliser l'introspection pour comprendre sa propre personnalité et ses états intérieurs (émotions), capacité à se servir de cette connaissance de soi pour orienter son comportement.

› Intelligence interpersonnelle : capacité à comprendre ce que pense et ressent l'autre, à saisir sa personnalité, ses intentions et ses motivations.

› Intelligence kinesthésique : capacité à utiliser le corps pour reproduire ou créer un mouvement, aisance dans l'expression corporelle, habileté motrice.

› Intelligence musicale : capacité à comprendre, reconnaître et créer des modèles musicaux.

---

[*] *Les Intelligences multiples*, Retz, 2001.

> **Intelligence naturaliste :** capacité à différencier et classer les éléments de la nature, à comprendre les nuances de l'environnement qui nous entoure.
> **Intelligence existentielle :** aptitude à se questionner sur le sens et l'origine des choses, capacité à saisir, penser et formuler les grandes questions existentielles.

Comme on le voit, certaines de ces intelligences profitent de l'hypersensibilité. L'hyperperception et l'hypervigilance, qui permettent d'être particulièrement attentif à son environnement et à ses changements, sont utiles dans le domaine de l'intelligence naturaliste. Les intelligences musicale ou kinesthésique rejoignent les intérêts artistiques de nombreux hypersensibles. L'intelligence intrapersonnelle nécessite une perception fine de soi, de ses émotions et de ses comportements. L'intelligence interpersonnelle implique une capacité à identifier les émotions des autres et à comprendre ce qu'ils pensent et ressentent. Qui mieux qu'un hypersensible peut être à l'écoute de soi-même et des autres ? Peut percevoir les subtilités qui se jouent dans un échange relationnel ?

Pour certains, l'hypersensibilité est même assortie d'une « hyperintelligence ». Tous les hypersensibles ne sont pas surdoués, mais beaucoup de surdoués sont hypersensibles. On peut être à la fois très intelligent et vraiment très sensible.

VÉRONIQUE, 40 ANS
« SURDOUÉE, ET HYPERSENSIBLE »

« Pour comprendre quelque chose, je ne peux pas m'empêcher de tout décortiquer. C'est plus fort que moi. J'aime résoudre des problèmes. J'aime aussi aider et donner des explications sur les sujets que je connais. Je veux sincèrement aider. Mais, souvent, les gens trouvent que je "ramène ma science", ils me reprochent mes "longues phrases", mes "innombrables détails inutiles". Dans ces cas là, peut-être que je me fais des films, mais je me sens rejetée, j'ai l'impression que "personne ne m'aime". Le pire, c'est que j'ai besoin de sentir qu'on m'apprécie, d'être intégrée. J'aimerais bien ne plus m'inquiéter de ce que pensent les autres. Je vois bien que je suis trop sensible. Depuis, j'ai découvert que j'étais surdouée et que les deux étaient souvent liés. »

INTELLIGENCE ÉMOTIONNELLE ET QI

Pour Daniel Goleman, l'intelligence émotionnelle aurait même autant, voire plus d'importance, que le quotient intellectuel pour expliquer notre réussite dans la vie professionnelle. De plus, l'intelligence émotionnelle n'est pas figée : on peut la développer et la cultiver tout au long de la vie.

> ### *L'intelligence émotionnelle selon Daniel Goleman**
>
> L'intelligence émotionnelle ou « compétence émotionnelle », qui favorise la réussite professionnelle, est composée de :
> **1) La compétence personnelle**
> ❯ La conscience de soi : conscience de soi émotionnelle, auto-évaluation précise, confiance en soi.
> ❯ La maîtrise de soi : contrôle de soi, fiabilité, conscience professionnelle, adaptabilité, innovation.
> ❯ La motivation : exigence de perfection, engagement, initiative, optimisme. →

* *L'Intelligence émotionnelle*, Robert Laffont, 1999.

> **2) La compétence sociale**
> ❯ L'empathie : compréhension des autres, passion du service, enrichissement des autres, exploitation de la diversité, sens politique.
> ❯ Les aptitudes humaines : ascendant, communication, direction, cristalliser les changements, sens de la médiation, nouer des liens, sens de la collaboration et de la coopération, mobiliser une équipe.

Plusieurs de ces compétences sont particulièrement développées chez les personnes hypersensibles. La conscience de soi est la capacité à identifier et comprendre ses états intérieurs (émotions, sentiments, préférences, ressources personnelles, intuitions). L'empathie est la conscience des émotions, sentiments et besoins d'autrui. C'est un grand avantage que d'en avoir ! La maîtrise de soi peut être plus compliquée pour les hypersensibles. Car cela demande de savoir gérer ses états intérieurs, ses impulsions et ses ressources. De contrôler son expression émotionnelle, non pour étouffer ses émotions, mais pour moduler leur expression en fonction des situations. Mais rassurez-vous, comme nous le verrons au chapitre 6, cela s'apprend !

ÊTRE HYPERSENSIBLE, UN VÉRITABLE POTENTIEL

> Des émotions qui ont un sens et une fonction.
> Un facteur de survie de l'espèce.
> Un atout à mettre au service de l'intelligence.
> Des compétences relationnelles.
> Une source de plaisirs intenses.

EXERCICE PRATIQUE

RECONSTRUISEZ UNE IMAGE POSITIVE DE VOUS-MÊME

Faites le point sur votre vision de vous-même et de vos compétences. N'hésitez pas à vous aider de la liste des qualificatifs positifs qui suit.

Ce que j'ai pensé ou ce qu'on a dit de moi	Qui je suis, ce que je sais faire et comment je fonctionne en réalité
Exemple : Je pleure facilement. On m'a souvent renvoyé que j'étais dépressif.	Je suis juste plus sensible aux émotions, positives comme négatives, que la moyenne des gens, et je les exprime avec plus d'intensité. D'ailleurs, je peux pleurer de joie… Et je suis tout aussi capable — voire davantage — d'apprécier les moments de bonheur.

→

Petite liste de qualificatifs positifs

- Aidant
- Aimable
- À l'écoute
- Alerte
- Altruiste
- Amoureux
- Ardant
- Artiste
- Attachant
- Attaché
- Attentif
- Attentionné
- Authentique
- Bienveillant
- Bon
- Compatissant
- Complexe
- Compréhensif
- Consciencieux
- Créatif
- Délicat
- Discret
- Doué
- Émouvant
- Empathique
- Engagé
- Enthousiaste
- Esthète
- Exalté
- Expressif
- Exubérant
- Fiable
- Fin
- Généreux
- Gentil
- Humain
- Impliqué
- Intelligent
- Intense
- Intuitif
- Inventif
- Juste
- Loyal
- Moral
- Naturel
- Nuancé
- Ouvert
- Original
- Passionnant
- Passionné
- Perspicace
- Poète
- Pondéré
- Prévenant
- Prévoyant
- Prudent
- Réactif
- Réceptif
- Réconfortant
- Riche
- Réservé
- Respectueux
- Sage
- Sensible
- Sensuel
- Serviable
- Sincère
- Sociable
- Spontané
- Subtil
- Sympathique
- Tendre
- Tolérant
- Vif
- Vrai
- Vigilant
- Vivant

AGATHE, 32 ANS
« AUJOURD'HUI, JE PERÇOIS MA SENSIBILITÉ AUTREMENT »

Je crois que l'hypersensibilité a été déterminante dans ma vie, dans la mesure où je me suis avant tout construite contre elle. Cette sensibilité a été source de honte, à l'adolescence notamment. La sensibilité était associée à l'enfance, elle était aussi synonyme de fragilité voire de faiblesse, c'est donc tout naturellement que j'ai cherché à l'anéantir. À travers des films glauques ou des musiques violentes. J'ai enfilé ma veste en cuir cloutée, maquillé mes yeux en noir, et fait croire que j'étais une dure, une vraie. Rétrospectivement, je crois que j'ai surtout fui la douleur qui pointait un peu trop souvent. L'entrée dans l'âge adulte s'est, elle aussi, faite dans une lutte contre ce que je considérais comme une trop forte dépendance affective. L'exigence de réussite dans des milieux compétitifs fait volontiers passer la sensibilité pour un handicap.

Aujourd'hui je commence enfin à prendre cette sensibilité comme une richesse et non plus comme un signe de faiblesse, notamment parce que j'ai rencontré des personnes semblables. Et même si j'ai toujours peur d'avoir mal, je découvre que les émotions ne sont pas des ennemies. J'apprends aussi à me ménager. La présence des autres est

→

> souvent épuisante, parce que je me perds toute entière dans ce qu'ils disent et ressentent. Les transports en commun m'épuisent, parce que je prends à cœur tout ce que j'y perçois (les messages contradictoires de la publicité, les discussions parfois animées entre des voyageurs, la misère à laquelle je suis incapable de remédier). À présent, je trouve des manières de recharger mes batteries : la solitude et la nature sont les parfaits antidotes en cas d'épuisement. Le fait d'avoir une pratique artistique m'a fait comprendre que cette sensibilité n'est pas que destructrice : elle peut aussi aider à construire des choses. »

3

MIEUX VIVRE AVEC VOTRE HYPERSENSIBILITÉ ET DÉVELOPPER VOTRE POTENTIEL

L'hypersensibilité est votre atout !
Maintenant, apprenez à en tirer parti en apprivoisant vos émotions et en développant vos compétences.

Chapitre 6
Que faire avec vos émotions ?

ACCEPTEZ ET ACCUEILLEZ

Nous ne pouvons lutter contre nos sensations et nos sentiments : ils s'imposent à nous. Une émotion n'est ni bonne ni mauvaise. Elle est, tout simplement. Et elle veut toujours dire quelque chose : sur ce qui nous entoure, sur les autres, sur nous-mêmes. La première étape consiste donc à cesser de lutter contre l'émotion qui émerge en nous.

Considérez-la comme un message. « D'accord, je sens que je suis triste, anxieux… J'accepte de ressentir cette émotion, et je la reconnais. » Cette reconnaissance a une vertu apaisante. Vous n'avez plus à être en conflit avec ce que vous ressentez, et pouvez vous permettre de baisser les armes. Vous gagnez déjà du temps et de l'énergie.

REPÉREZ D'OÙ VIENT VOTRE ÉMOTION

Les hypersensibles sont perméables aux émotions, mais pas uniquement aux leurs. Nous avons vu qu'ils ressentaient également les émotions des autres. Lorsque vous ressentez une émotion en présence de quelqu'un d'autre, et que cette émotion vous paraît en contradiction avec votre humeur habituelle des derniers temps, posez-vous la question : à qui appartient cette émotion ? Est-ce la mienne ? Ou est-ce celle de l'autre ?

Par exemple, vous êtes de bonne humeur ce matin et arrivez à votre travail où vous rencontrez l'un de vos collègues. Vous échangez avec lui. Il paraît fatigué même s'il ne mentionne rien de particulier à ce sujet. À mesure qu'il vous parle, vous ressentez une langueur et une tristesse vous envahir, sans parvenir à en déterminer la cause. Vous avez beau y réfléchir, pas moyen de trouver de raison d'être triste. Cet état vous est même étranger depuis plusieurs semaines. Il est alors très probable que cette émotion ne vous appartienne pas, mais que vous ressentiez celle de votre collègue par un effet de contagion émotionnelle.

DONNEZ DU SENS

Une fois votre émotion acceptée, penchez-vous sur ce qu'elle essaie de vous dire. En fonction de sa nature et de son intensité, son message est différent. Si c'est de la peur, elle vous alerte de la présence de ce que vous considérez comme un danger. Quelle est la nature de ce danger ? En quoi est-ce une menace pour vous ?

Si c'est une émotion extérieure « en transit » que vous ressentez, comme dans l'exemple du collègue de travail, vous pouvez tenter d'identifier les raisons pour lesquelles la personne que vous avez en face de vous est triste.

EXERCICE PRATIQUE

IDENTIFIEZ VOS ÉMOTIONS	
Émotion ressentie	Message : que veut-elle me dire ?

Là commence le véritable travail : dans la manière dont vous allez donner sens à ce que vous ressentez, mais aussi à tout ce que vous percevez. Car si la détection d'une émotion ou d'une perception est toujours justifiée, c'est la façon dont vous allez interpréter cette émotion ou cette perception qui peut être source de souffrance.

PRENEZ DU RECUL SUR VOS INTERPRÉTATIONS

Nos pensées ont des effets sur nos émotions. Donc, la lecture que vous ferez d'une situation va alimenter ou au contraire apaiser l'émotion que vous ressentez.

Par exemple, vous rencontrez dans la rue une personne que vous connaissez et avec laquelle vous vous entendez bien, sans pour autant avoir eu l'occasion de développer une relation d'amitié. C'est une connaissance agréable, et les possibilités restent ouvertes concernant l'évolution de votre relation. Cette personne vous croise et ne vous dit pas bonjour. Il n'y a pas d'échange de regard entre vous, vous ne pouvez déterminer avec certitude qu'elle vous a reconnu. Vous êtes surpris, déçu, voire un peu triste.

Si vous avez de l'anxiété sociale, vous allez vous dire qu'elle vous a évité, car elle était gênée de vous croiser dans un environnement différent, et qu'elle ne vous apprécie peut-être pas autant que vous le pensiez. Votre tristesse va s'accentuer, et vous ressentirez de la colère contre vous-même de vous être trompé et d'avoir fondé de faux espoirs sur une relation amicale.

Si vous rencontrez à nouveau cette personne dans le contexte habituel où vous la fréquentez, sans doute vous montrerez-vous plus distant et ferez en sorte d'éviter de vous engager dans une relation plus intime. Votre interprétation de la situation aura donc eu une influence sur vos émotions (tristesse, colère) et sur votre comportement (retrait, froideur).

Si en revanche vous optez pour l'hypothèse qu'elle ne vous a pas reconnu parce qu'elle était perdue dans ses pensées, votre déception et votre tristesse s'apaiseront rapidement. Vous vous demanderez ce qui a pu l'absorber à ce point.

Si vous la rencontrez dans un autre contexte, vous lui demanderez éventuellement comment elle va. Ce partage plus personnel sera peut-être l'occasion de donner une autre dimension à votre relation. Cette seconde interprétation aura eu une influence radicalement différente sur vos émotions (apaisement de la tristesse, développement d'une inquiétude altruiste) et sur votre comportement (sollicitude, marques d'intérêt).

On voit à quel point l'interprétation a d'importance dans notre vie émotionnelle et relationnelle. Cette interprétation peut être juste, mais nous pouvons également nous tromper, partiellement ou totalement. Nous pouvons nous tromper parce que nous ne disposons pas de toutes les informations nécessaires, ce qui biaise notre raisonnement. Mais nous pouvons aussi nous tromper parce que nos peurs personnelles viennent influencer notre jugement.

Dans l'exemple plus haut, l'anxiété sociale (la peur des autres) peut entraîner à interpréter les situations relationnelles ambigües comme des signes de rejet ou de mésestime. Dans le doute, vous optez pour cette possibilité, afin de vous protéger d'une éventuelle déception ou d'un abandon. Par mesure de précaution, vous envisagez le pire et vous prenez vos distances pour ne pas être blessé. Ces choix cognitifs sont en général inconscients : ils sont devenus des réflexes.

Heureusement, vous pouvez prendre du recul par rapport à ces habitudes de pensée, en devenant attentif à certaines répétitions dans votre interprétation des situations. Si certaines configurations se répètent : alerte ! C'est que vous êtes peut-être victime de schémas de pensées qui correspondent à des angoisses profondes.

Voici deux exemples de schémas de pensées courants :
- Le schéma de pensées « je ne suis pas intéressant » renvoie à une estime de soi basse.
- Le schéma de pensées « de toute façon, on va me rejeter » est lié à une angoisse de rejet ou d'abandon.

EXERCICE PRATIQUE

OBSERVEZ-VOUS

Remplissez le tableau pour repérer d'éventuelles répétitions dans vos pensées et vos comportements. À faire sur 15 jours au minimum.

Situation	Émotion	Pensées	Comportement

Voici quelques phrases automatiques qui renvoient à des schémas inconscients de pensées qui peuvent vous faire souffrir.

EXEMPLES DE PHRASES AUTOMATIQUES LIÉES À DES SCHÉMAS INCONSCIENTS

> Je ne suis pas digne d'être aimé
> Tout est ma faute
> Je suis nul
> Je ne suis pas intéressant pour les autres
> Je ne vais pas y arriver
> Je suis toujours en échec
> On va me rejeter, m'abandonner
> Le monde est dangereux
> Je ne peux faire confiance à personne
> On va me manipuler, me faire du mal
> Il n'y a rien à attendre des autres.

Lorsque vous interprétez une situation, surtout si cette interprétation génère de la souffrance, demandez-vous : est-ce la seule interprétation possible ? Passez en revue toutes les autres lectures possibles de la situation, en examinant les pour et les contre pour chacune d'entre elles afin de tester leur réalisme. Ainsi, vous ne bâtissez plus des certitudes, mais des hypothèses avec chacune une probabilité. Tant que vous ne disposez pas d'une preuve suffisante qui permette de les départager, ayez ces différentes possibilités en tête afin de nuancer la première interprétation qui vous fait souffrir.

Et si elle se confirme ? C'est une possibilité. Il sera toujours temps, alors, d'éprouver les émotions douloureuses associées. En attendant, vous aurez au moins gagné un peu de confort intérieur. Et si elle ne se confirme pas, vous aurez gagné encore plus !

EXERCICE PRATIQUE

NUANCEZ VOS INTERPRÉTATIONS

Situation :
Émotion ressentie :

Interprétations possibles	Arguments pour	Arguments contre	Probabilité que cette interprétation soit la bonne (en %)

EXPRIMEZ VOS ÉMOTIONS

Contrairement à ce qu'on entend souvent, il est possible — et même souhaitable — d'exprimer ses émotions. Parler de ses émotions, c'est exprimer ses besoins et ses sentiments. C'est aussi évoquer la relation : ce qu'on vit ensemble, ce qui nous lie et éventuellement ce qui nous oppose.

Vous pouvez vous demander : l'autre est-il capable d'entendre ce que j'ai à lui dire ? Ne vaut-il pas mieux parfois se taire pour préserver la relation ? Cela dépend de la relation. Bien sûr, vous ne pourrez pas attendre beaucoup des relations convenues et superficielles que vous êtes contraint de supporter dans certains domaines de votre vie (au travail par exemple) — bien que l'expression de vos besoins soit possible, mais souvent sous une forme plus stratégique et donc plus complexe.

Considérez plutôt les relations authentiques, celles que vous partagez avec les personnes qui comptent pour vous — même un tout petit peu. Si la relation est vraie, alors elle devrait survivre à l'expression de vos émotions, à condition bien sûr de respecter certaines règles.

RESPECTEZ CHACUN DANS SES BESOINS ET SES LIMITES

La règle essentielle consiste à respecter en retour l'autre dans sa personne, dans ses besoins et aussi dans ses limites. Prenons l'exemple de l'ami qui ne vous a pas appelé pour votre anniversaire. Vous avez été très déçu, et cela vous a rendu triste, car vous tenez à cette amitié et vous espériez qu'il penserait à vous. Il vous appelle le lendemain pour vous souhaiter votre anniversaire en retard.

Il est évident que lui dire : « J'étais très triste. Je m'aperçois que je ne compte pas pour toi. Tu n'as pas pensé à m'appeler hier. Je me demande si nous sommes de véritables amis » serait irrespectueux des sentiments de votre ami (s'il vous appelle, même le lendemain, c'est qu'il pense à vous et que vous avez donc de l'importance à ses yeux) et de ses possibilités (si pour être un bon ami, il n'a droit à aucune erreur ni à aucun oubli, ce serait une tâche surhumaine que d'être votre ami).

En revanche, lui dire : « J'ai cru que tu m'avais oublié et j'étais triste. Mais je suis content de voir que tu y as pensé, même si c'est en retard.

Cela me fait plaisir » vous permet d'exprimer votre déception tout en reconnaissant les sentiments et les attentions de l'autre.

Cela donnera aussi l'occasion à votre ami de vous rassurer et de vous répondre : « Je suis désolé, je n'ai pas vu le temps passer. Je ne me suis rendu compte qu'aujourd'hui qu'on était le 5. Mais bien sûr que tu comptes pour moi : n'en doute pas ! Je suis distrait, mais cela ne change rien à notre amitié. » Un tel échange renforce des liens plus qu'il ne les menace, car il permet à chacun d'exprimer ce qui fait vivre la relation.

MES CONSEILS

> Acceptez de ressentir vos émotions et faites la paix avec votre hypersensibilité.
> Comprenez le message que vous adressent vos émotions.
> Soyez attentif à vos interprétations, et si besoin, remettez-les en question.
> Exprimez vos émotions, tout en respectant l'autre et ses besoins.

ET SI VOUS CRAQUEZ ?
3 SITUATIONS DÉLICATES

Être hypersensible, c'est parfois être débordé pas ses émotions, au point de ne plus contrôler leurs manifestations, même en présence d'autres personnes. C'est se retrouver par moment dans des situations qui peuvent être vraiment gênantes. Que faire en cas de crise de larmes au travail, par exemple ? Pas facile d'assumer ses émotions en pleine réunion... Pas de panique ! Voici un petit chariot d'urgence de la crise émotionnelle en situation délicate.

Avec des personnes bienveillantes : dédramatisez

Première situation possible, vous fondez en larmes devant des personnes bienveillantes à votre égard (proches, famille, collègues à l'écoute...). Elles seront peut-être impressionnées par votre réaction émotionnelle, et risquent de s'imaginer que vous allez très mal. Elles s'inquiéteront pour vous, peu habituées à de telles manifestations.

Vous pouvez leur dire ce que vous ressentez sur le moment. Vous pouvez aussi les rassurer, en leur expliquant que vous avez tendance à réagir facilement (vous avez la larme facile, par exemple), mais que cela ne veut pas dire que la situation est grave ou que vous êtes déprimé. Expliquez que vous avez juste besoin de décharger vos émotions en les laissant s'exprimer, et qu'ensuite les choses rentrent dans l'ordre. Faites un peu d'humour sur votre « sensiblerie », si vous le pouvez, en donnant des petits détails amusants et attachants dans lesquels certains pourront se reconnaître (vous sanglotez lors du « happy end » au cinéma, vous êtes ému quand vous rencontrez un ami proche que vous n'avez pas vu depuis longtemps...). Vous dédramatiserez ainsi à la situation.

Normaliser vos réactions permettra aux autres de les considérer comme faisant partie de votre fonctionnement, et non comme quelque chose d'exceptionnel et d'inquiétant. Si les personnes en face de vous sont empathiques et bienveillantes, vous n'avez donc pas nécessairement besoin de vous protéger. Elles peuvent être en mesure d'accueillir, moyennant certaines explications, des manifestations émotionnelles qui vous échappent.

Avec des personnes qui ne sont pas bienveillantes : protégez-vous

En revanche, si les personnes autour de vous ne sont pas bienveillantes ou si vous estimez qu'elles ne sont pas capables de faire preuve d'empathie à votre égard et de comprendre vos réactions (même avec des explications), protégez-vous autant que possible. Rien ne réjouit plus des personnes qui ne vous aiment pas (du moins si elles ne sont pas hypersensibles) que de vous voir pleurer : elles en tirent un sentiment de puissance et de satisfaction.

Si vous le pouvez, isolez-vous dès que vous sentez les émotions monter en vous. Si vous êtes en réunion, trouvez un prétexte (sortez chercher quelque chose, trouvez une urgence à gérer, allez aux toilettes) pour vous échapper. Trouvez un endroit tranquille où vous ne serez pas dérangé, et prenez le temps de décharger vos émotions. Pleurez si vous en avez besoin, videz le trop plein émotionnel jusqu'à vous sentir un peu apaisé. Pour vous aider, vous pouvez utiliser des techniques de respiration, de visualisation positive ou même d'autohypnose (le lieu de refuge et de ressource, par exemple, développé p. 149 »).

N'affrontez les autres qu'une fois la tempête émotionnelle passée. Si la situation qui a déclenché votre réaction est très difficile et particulièrement traumatisante, qu'il ne vous est pas possible de retrouver votre calme à court terme, trouvez un prétexte pour rentrer chez vous et retrouvez un lieu qui soit synonyme pour vous de sécurité affective. Ce n'est pas le moment de retourner au charbon. Vous affronterez les autres plus tard.

> **EXERCICE PRATIQUE**
>
> **Retrouvez votre calme et reprenez le contrôle**
> En fonction de la situation, vous pouvez pratiquer les deux exercices suivants afin de vous apaiser :
>
> **Respirez sur 5 temps**
> Pratique, cet exercice est invisible et peut être réalisé dans la plupart des situations de la vie quotidienne. Inspirez sur 5 temps et expirez sur 5 temps. Il est important de prendre un volume d'air normal à l'inspiration, pour éviter l'hyperventilation. Faites au moins 10 cycles de respiration, et autant que nécessaire pour vous sentir un peu plus détendu.
>
> **Visualisez**
> Fermez les yeux.
> Imaginez une couleur que vous aimez bien, pour la détente ou pour les émotions positives qu'elle vous procure. Concentrez-vous sur votre couleur pour mieux la visualiser. Laisser la couleur s'étendre... et prendre toute la place dans votre espace intérieur.
> Une fois qu'elle a pris la place dont elle a besoin... faites circuler la couleur dans votre corps... comme un fluide magique. Laissez-la

> trouver les chemins vers les endroits de votre corps qui en ont besoin.
> Pendant que la couleur continue à circuler... prenez le temps de ressentir les émotions et les sensations que vous associez à cette couleur... bien-être, détente... sérénité... sécurité intérieure... joie.
> Quand vous vous sentirez plus détendu et aurez retrouvé votre confort intérieur, vous pourrez ouvrir les yeux et reprendre vos activités habituelles.

Avec des personnes hostiles ou perverses : tirez-en des informations

Et si vous ne parvenez pas à vous isoler à temps ? Si les émotions vous submergent ? Ou que les personnes que vous pensiez capables d'empathie ne le sont pas en réalité ? Si elles vous jugent alors que vous leur faisiez confiance ? Cela arrive.

Et cela peut être douloureux si les autres, dans leur incompréhension (s'ils manquent juste d'empathie) ou dans leur cruauté (s'ils ne vous aiment pas ou s'ils sont pervers), en profitent pour vous renvoyer une image négative de vous-même en verbalisant les stéréotypes habituels au sujet des hypersensibles (faiblesse, manque de maîtrise de soi, immaturité...). C'est quelque chose auquel vous devez être préparé, pour mieux vous en protéger.

Tout d'abord, vous n'avez certainement pas à avoir honte, même si c'est ce qu'on essaie de vous faire ressentir. On peut éprouver de la honte quand on a réalisé une mauvaise action (au sens de la morale). Vous n'avez rien fait de mal. D'ailleurs, ceux qui vous font du mal, dans cette situation, ce sont précisément les autres. Ce n'est pas vous qui avez un problème, ce sont les autres qui ont des préjugés.

Ensuite, vous pouvez peut-être vous sentir coupable de ne pas être parvenu à maîtriser vos émotions, ou de ne pas avoir anticipé la réaction des autres. Mais vos émotions vous ont échappé. La situation est déjà pénible pour vous, n'y ajoutez pas de « double peine » !

Il y a un enseignement à retirer de cette situation, que vous n'auriez sans doute pas pu savoir avant (vous avez beau être hypersensible, vous n'êtes pas non plus dans la tête de l'autre) parce que les personnes n'avaient pas eu l'occasion de se positionner affectivement par rapport à vous. Si la situation est traumatique, elle est très riche en informations.

L'attitude des autres face à quelqu'un qui pleure est toujours très instructive : elle vous renseigne sur leur propre intelligence émotionnelle. Éprouvent-ils de l'empathie ? Sont-ils capables d'entendre les émotions des autres, de les comprendre, de les contenir ? Peuvent-ils apaiser, apporter du réconfort ?

Leur attitude vous renseigne aussi sur leur personnalité. Les pervers auront du mal à cacher leur jouissance et leur volonté de faire émerger davantage de souffrance en « remuant le couteau dans la plaie ».

Ceux qui secrètement ne vous aiment pas saisiront ce moment pour décharger leurs pulsions agressives et se montreront cruels avec vous.

Les masquent tombent ! Vous savez maintenant à quoi vous en tenir.

EXERCICE PRATIQUE

APPRENEZ DE VOS EXPÉRIENCES DIFFICILES

Qu'ai-je ressenti et exprimé ?

Pourquoi ?

Comment les autres se sont-ils comportés vis-à-vis de mes émotions ?

Qu'ai-je appris de cette situation ?

Chapitre 7
Allez vers les autres

FAITES CONFIANCE À CE QUE VOUS RESSENTEZ

Vous avez une ressource exceptionnelle pour créer des liens avec les autres : l'empathie. Elle vous permet de percevoir les émotions de l'autre, de mieux comprendre ce qu'il ressent et dans quelle disposition il est. C'est un atout particulièrement important dans le domaine relationnel. Vous avez donc tout intérêt à affiner votre don et à faire davantage confiance à ce que vous ressentez.

EXERCICE PRATIQUE

Entraînez-vous à « profiler » les autres

Pour tester et améliorer votre empathie, observez les autres dès que vous en avez l'occasion. Essayez de le faire discrètement, pour que les personnes ne se sentent pas épiées. Dans la rue, dans les transports en commun, au travail... Dans un groupe, observez les relations entre les gens. Soyez particulièrement attentif aux éléments non verbaux : postures, gestes, mimiques, ton de la voix... et demandez-vous quelles émotions ressentent les personnes que vous observez. Tentez de vous mettre mentalement à leur place pour mieux comprendre leur position et ce qu'elles peuvent ressentir et penser. Surtout, il est important de s'abstenir de tout jugement. L'autre n'est pas vous. Il a son propre fonctionnement, sa personnalité et ses valeurs, qui peuvent être différents des vôtres. À ce stade, l'objectif est justement de dépasser les limites que nous impose notre jugement pour mieux accueillir et percevoir les motivations et les sentiments d'autrui. Vous faites en quelque sorte l'expérience de vous retrouver « dans la peau » de l'autre. Notez mentalement ce que vous observez, ou inscrivez-le sur un carnet.

Si cet exercice est trop éprouvant pour vous et que vous avez des difficultés à contenir

> les émotions des autres, faites-le par petites séquences brèves. Dès que vous vous sentez débordé, recentrez-vous sur votre corps et sur vos perceptions. Si besoin, utilisez un exercice d'autohypnose pour retrouver votre calme intérieur (le lieu de refuge et de ressources, par exemple, développé p. 149). Vous pouvez aussi au préalable revêtir une protection afin d'atténuer les informations en provenance de votre environnement (l'armure souple, p. 152).

Cet exercice vous permet d'être plus attentif aux émotions et aux sentiments d'autrui. Servez-vous de ces informations pour aller vers les autres : demandez à un ami comment il va si vous avez perçu de la tristesse dans son expression, proposez de l'aide si vous sentez de la détresse chez un de vos proches. Vous avez les atouts pour comprendre les besoins des autres et pour mieux y répondre.

Cela ne veut pas dire que vous devez aller vers tout le monde : il faut aussi vous protéger. Vous ne pouvez pas tout porter ni tout résoudre. Mais développer votre empathie vous permet d'être attentif à ceux qui comptent pour vous, et d'avoir les outils pour créer et entretenir de nouvelles relations avec les personnes pour qui vous ressentez un intérêt sincère.

SACHEZ BIEN VOUS ENTOURER

Vous avez besoin des autres. Mais pas de n'importe qui.

Côtoyer des personnes qui ont des préjugés sur l'hypersensibilité peut être douloureux, et vous renvoyer une image négative de vous-même. Il n'est pas agréable de se sentir jugé par des personnes qui manquent de sensibilité, et ne sont en mesure de comprendre ni vos réactions émotionnelles ni vos goûts ou vos centres d'intérêt. Mieux vaut donc éviter les personnes qui manquent de tolérance et d'ouverture, qui jugent tout ce qui diffère d'elles-mêmes et sont incapables de prendre de la distance par rapport à leurs opinions. Elles ne feront pas d'efforts pour vous comprendre, et vous catalogueront à la moindre occasion.

Bien sûr, vous n'avez pas toujours le choix. Dans le monde du travail, par exemple, on ne peut pas éviter un collègue parce qu'il est jugeant et rigide. Si vous êtes obligé d'être en contact avec ce genre de personnes, restez courtois mais gardez une distance protectrice : ne les laissez pas en savoir trop sur vous, et évitez de partager tout ce qui pourrait avoir trait à votre hypersensibilité. Protégez-vous.

Parmi les personnes qui peuvent être les plus toxiques pour un hypersensible, on compte les pervers. Les personnes perverses tirent de la jouissance à manipuler les autres, à les détruire et à leur faire du mal. Cela paraît évident lorsqu'ils exercent sur leurs victimes une violence physique, mais peut être plus compliqué à repérer lorsqu'il s'agit de violence morale.

On ne repère pas toujours un pervers au premier coup d'œil. Il peut paraître gentil, à l'écoute, lorsqu'il est dans une phase d'approche. Mais cette sollicitude est excessive, forcée, sans motif. Elle n'est pas sincère. Elle vise simplement à séduire l'autre et à obtenir certaines informations. Rapidement, le pervers va utiliser ce qu'il sait pour toucher l'autre et lui faire mal. Au début, ce seront des petites réflexions anodines, puis des attaques plus dévalorisantes et plus blessantes. Répétées, elles finissent par faire douter de soi-même et de ses compétences, par entamer l'estime de soi.

Le pervers peut aussi manipuler un groupe, en utilisant les préjugés et les représentations des personnes, afin d'amener ce groupe à isoler et à maltraiter quelqu'un. Ce sont des phénomènes observés dans le harcèlement, qu'il soit scolaire ou professionnel. On voit à quel point ce type de personnalité peut être toxique.

Or pour un pervers, un hypersensible est une véritable aubaine. Comme il est plus sensible, il sera d'autant plus facile au pervers de le toucher. Comme il est plus réactif, le pervers appréciera d'autant plus les effets sur lui de ses manipulations malveillantes. Jouer avec un hypersensible est donc particulièrement excitant pour un pervers. Plus la personne sera riche psychologiquement, complexe, intelligente, plus il aura envie de la détruire. Comme s'il convoitait la richesse et ne tolérait pas qu'elle ne lui appartienne pas. Face à un pervers, une seule solution : la fuite. S'échapper de toute emprise ou de toute influence potentielle en fuyant loin de son champ d'action.

Au contraire, allez vers les personnes qui vous ressemblent : d'autres hypersensibles. Ou vers des personnes qui, même si elles ne sont pas hypersensibles, ont suffisamment d'ouverture et de tolérance pour percevoir avec bienveillance votre sensibilité. Vous avez besoin de partager votre perception du monde et des autres avec des gens capables de la comprendre, ou au moins de l'entendre. Rien ne vaut un échange — émouvant, profond, riche — entre hypersensibles !

NUANCEZ VOS ATTENTES

Si vous faites partie de ces hypersensibles qui demandent beaucoup aux autres et qui ont tendance à vivre leurs relations sur un mode fusionnel et exclusif, c'est le moment de vous interroger sur vos attentes. Peut-être mettez-vous la barre trop haut, ce qui vous expose à vivre souvent des déceptions.

Bien sûr, rien ne vaut une relation amicale avec un autre hypersensible : les possibilités de compréhension et de partage sont plus importantes. Mais la vie est faite d'échanges variés, avec des personnes qui peuvent être différentes de vous. Si des personnes avec une sensibilité normale peuvent être ouvertes, elles ne ressentiront pas nécessairement les mêmes sensations que vous et ne pourront pas faire écho à tous vos transports émotionnels.

De plus, il n'est pas possible, même parmi les hypersensibles, de trouver quelqu'un qui soit exactement comme vous. Il y aura toujours des différences, des nuances, des dissonances. Le partage ne peut pas être complet. Il est nécessairement partiel, même s'il peut être plus ou moins vaste, plus ou moins profond. Nous ne pouvons donc pas exiger des autres qu'ils nous comprennent parfaitement et qu'ils s'identifient complètement à notre vécu.

Comment savoir si vos attentes vis-à-vis des autres sont excessives ? Si vous exigez de la personne qu'elle devine vos besoins et vos désirs, si vous attendez d'elle une exclusivité (dans le domaine amical, vous supportez mal que l'autre puisse avoir des relations proches avec d'autres personnes), si vous ne tolérez pas ses différences, si vous ne lui passez aucune erreur, alors il est probable que vos attentes vis-à-vis de l'autre soient trop élevées. Vous demandez à l'autre d'être un ami parfait, ce qui est impossible. Si vous restreignez sa liberté à être comme il est et à agir comme il le souhaite, alors vous risquez d'étouffer votre relation, d'aboutir à un conflit ou à une rupture.

Une relation durable se construit dans le respect de l'autre, de sa personnalité et de sa liberté. C'est pourquoi il est important d'interroger ses attentes, et de s'astreindre autant que possible à avoir des exigences réalistes vis-à-vis d'autrui. Cela ne veut pas dire tout tolérer, bien sûr. L'autre doit vous respecter tout autant. Les engagements doivent être les mêmes de part et d'autre.

MES CONSEILS

> Misez sur votre empathie pour comprendre les autres et aller vers eux.
> Préservez-vous des relations toxiques.
> Choisissez bien les personnes qui vous entourent.
> Ne demandez pas l'impossible à ceux qui vous aiment sincèrement.

Chapitre 8
Prenez soin de vous et respectez votre sensibilité

DÉCIDEZ DE VOUS ÉCOUTER

De la même manière qu'on ne joue pas de la batterie avec une harpe ou un violon, il ne sert à rien de vous imposer des activités ou des contraintes qui ne correspondent ni à votre sensibilité ni à vos compétences. Oubliez les marottes des normo-sensibles, et arrêtez de vous faire violence en essayant de vous prouver que vous êtes comme les autres. Apprenez plutôt à vous connaître, à vous respecter et à vous apprécier dans votre singularité.

AGATHE, 32 ANS
« JE M'ABSTIENS DE REGARDER LES SÉRIES À LA MODE »

« Récemment j'ai décidé d'arrêter de regarder des séries parce que je faisais des cauchemars sur des scènes précises, mais aussi parce que l'atmosphère générale me pesait. Le complotisme généralisé par exemple me donnait une impression de paranoïa diffuse. »

Commencez par vous écouter et par repérer les activités qui sont pénibles pour vous, même si elles semblent plébiscitées par les autres. Bien que chacun soit différent, voici quelques exemples de situations ou d'expériences qui sont souvent peu appréciées des hypersensibles : images ou films violents, drames impliquant d'être exposé à la souffrance d'autrui sans possibilité d'action, exposition à l'agressivité (qu'elle soit physique, verbale ou même cachée), atmosphères bruyantes, réunions mondaines superficielles, situations inconfortables ou impliquant beaucoup de stimulations (si ces stimulations n'appartiennent pas au domaine apprécié par la personne hypersensible)...

Tentez d'identifier les émotions ressenties (peur, tristesse, colère, dégoût) et de comprendre les raisons pour lesquelles cela vous est pénible. Est-ce trop bruyant ? Trop violent ? Êtes-vous en désaccord avec la vision du monde et les valeurs véhiculées ? Est-ce que cela vous rend anxieux ou triste ? Avez-vous l'impression de ne pas être respecté dans votre sensibilité et vos besoins ?

MARIANNE, 33 ANS
« J'AI DÉCIDÉ DE NE PLUS SUBIR CE FLOT D'INFORMATIONS NÉGATIVES »

« Avant, je regardais les informations à la télévision. Mais les mauvaises nouvelles, les images de catastrophe, les commentaires sur l'actualité économique et sociale, choses sur lesquelles je n'avais aucun contrôle, me plongeaient dans une ambiance lourde et triste. J'ai décidé d'éteindre la télévision, pour arrêter de subir ce flot d'informations et d'images. Je me suis recentrée sur mon quotidien familial, professionnel et amical. Et je me sens plus sereine et plus disponible psychologiquement. »

Donc, si vous en avez la possibilité, évitez les situations qui vous sont les plus pénibles. Vous ne tarderez pas à en ressentir les effets bénéfiques !

PRENEZ LE TEMPS DE VOUS RECENTRER

Favorisez plutôt les activités qui sont source d'apaisement et d'harmonie intérieure. Vous avez besoin de temps calmes pour digérer les différentes sollicitations de votre environnement, pour laisser leurs impressions s'estomper et retrouver une sensation de bien-être. Vous en avez aussi besoin pour récupérer l'énergie dépensée à vivre et à discipliner vos émotions. Prenez régulièrement du temps pour vous

recentrer sur vous, en vous installant dans un endroit tranquille, juste avec vous-même. La méditation et l'autohypnose sont de bons outils pour vous aider à retrouver une sensation de confort intérieur.

> **EXERCICE PRATIQUE**
>
> **Méditez pour vous recentrer**
> *La rivière des pensées*
> Installez-vous dans un endroit calme et sécurisant, où vous ne serez pas dérangé. Cet exercice est à faire pendant au moins 20 minutes.
> *Prenez un temps de silence pour vous installer avec vous-même de manière confortable.*
> *Centrez-vous sur votre corps et sur votre respiration... calme et régulière. Prenez conscience de vos mouvements respiratoires... qui créent un rythme... et vous accompagnent.*
> *Centrez-vous à présent sur votre esprit... et sur vos pensées. Faites progressivement le vide dans votre esprit. Si une pensée surgit... prenez le temps de l'examiner... de comprendre ce qu'elle a à vous dire... d'entendre son message... puis laissez-la tranquillement retourner à sa place... dans le flot de vos pensées... et continuer son chemin.*
> →

> *Comme si vous étiez assis au bord d'une rivière... la rivière de vos pensées... et que vous regardiez l'eau couler... à distance. Vous pouvez laisser passer... circuler vos pensées... tout en étant calmement installé sur la berge. Et à chaque fois qu'une pensée demandera votre attention... vous la traiterez de la même manière... vous la laisserez tranquillement reprendre sa place dans la rivière... et s'éloigner avec le courant.*
> *Jusqu'à ce que vous puissiez faire le vide dans votre esprit... et vous concentrer sur ce que vous ressentez ici et maintenant.*

ÉPANOUISSEZ VOTRE SENSIBILITÉ SELON VOS GOÛTS ET VOS VALEURS

On peut faire des choses merveilleuses avec une harpe ou un violon, à condition de les traiter avec délicatesse et d'apprendre à les faire vibrer ! Votre sensibilité a besoin d'être traitée avec respect et bienveillance. Mais elle a également besoin d'être nourrie pour pouvoir se développer dans toutes ses potentialités.

Allez vers les domaines qui entrent en résonnance avec vos goûts et vos valeurs : prenez plaisir à ressentir des émotions esthétiques, artistiques, sportives, sensorielles qui correspondent à vos centres d'intérêt. C'est au sein de ces domaines amis de votre sensibilité que vous pourrez multiplier les expériences positives, en quantité mais aussi en qualité et en intensité.

EXERCICE PRATIQUE

Notez vos expériences positives
Voici une petite liste à compléter, au gré de vos aventures :
Mes expériences d'hypersensible qui m'apportent de l'énergie positive

>
>
>
>
>
>
>
>
>
>
>

> **MES CONSEILS**
>
> ❯ Écoutez-vous !
> ❯ Préservez-vous autant que possible des sollicitations désagréables ou agressives.
> ❯ Misez sur les arts, les activités subtiles et créatives pour vous épanouir.
> ❯ Partagez vos expériences avec des personnes sensibles.
> ❯ Et découvrez votre potentiel de bonheur...

SACHA, 27 ANS
« À LA DÉCOUVERTE DE MES POUVOIRS »

« Quand j'étais enfant, je regardais une série dans laquelle une magicienne avait le pouvoir magique de "l'empathie". Elle avait du mal à maîtriser ce don : elle ressentait avec puissance ce que les gens éprouvaient, jusqu'à en devenir presque folle... Mais à la fin, elle parvenait à utiliser cette force émotionnelle pour nourrir ses autres pouvoirs, et sa puissance s'en retrouvait décuplée. Cela m'a beaucoup marqué. J'ai longtemps cru que l'empathie était un pouvoir surnaturel, comme la téléportation ou l'invisibilité. Je m'identifiais au personnage, mais je n'arrivais pas à faire de ce pouvoir une force.

Je me sentais très seul. Parfois, je passais la récréation à tourner dans la cour en ruminant ma tristesse. J'avais des angoisses surdimensionnées que personne ne comprenait. Quand on est capable de ressentir aussi bien les émotions des autres, il est difficile de ne pas les craindre. Et s'il pensait ça ? Et si elle éprouvait tel ou tel sentiment négatif à mon égard ? Et s'ils me rejetaient ?
Il m'a fallu du temps pour voir le côté positif de ma sensibilité. Aujourd'hui, je réalise à quel point c'est une chance. Je suis capable d'être ému aux larmes par une musique parce qu'elle transmet quelque chose qui dépasse les mots. La contemplation de certaines couleurs de lumière me subjugue et me transperce à la fois. Et par moments, quand un amant caresse mon corps, le passage de sa main sur ma peau fait naître dans mon esprit des images, des couleurs, des textures. Ces expériences sont difficilement communicables, mais je commence à penser que j'aime cette vie en extrêmes. »

Chapitre 9
Développez vos ressources intérieures grâce à l'autohypnose

Ce chapitre est une boîte à outils à votre disposition : venez y puiser ce dont vous avez besoin, au moment où vous en avez besoin ! Vous y trouverez des techniques d'autohypnose, plus précisément des métaphores (ou des images) hypnotiques qui vont vous aider à développer vos ressources intérieures pour canaliser et développer votre hypersensibilité.

QU'EST-CE QUE L'HYPNOSE ?

L'hypnose est un état de conscience modifié qui se situe entre l'état de sommeil et l'état de veille : il peut être plus ou moins profond, et donc se situer plus ou moins loin de l'état de veille. L'hypnose est utilisée en psychothérapie, car elle permet un état de détente corporelle et ouvre l'accès à des régions inconscientes de notre fonctionnement mental. Elle favorise ainsi l'émergence de ressources dont on ne soupçonnait pas l'existence, et agit comme un accélérateur de changement psychologique.

Mais il n'est pas nécessaire de se plonger dans un état de transe profond : un état d'hypnose même léger suffit à obtenir ces effets.

Les techniques thérapeutiques qui s'appuient sur des états de conscience modifiés (hypnothérapie, méditation...) sont particulièrement indiquées pour les personnes hypersensibles. Il semblerait en effet que les hypersensibles expérimentent plus d'états de transe spontanés que les autres. Alors, autant utiliser cette compétence naturelle !

POURQUOI UTILISER DES MÉTAPHORES ?

La métaphore est une figure qui désigne une chose par une autre qui lui ressemble ou qui partage avec elle des points communs. Elle nous permet de parler de quelque chose de manière détournée, en ne le nommant pas directement.

En psychologie, utiliser des métaphores pour parler de problèmes psychologiques permet de contourner les mécanismes de défense et de toucher plus facilement des régions inconscientes. Pourquoi avoir peur, puisqu'on ne parle pas directement du problème qui fâche ? Pas besoin de dresser des barrières pour interdire l'accès à des régions plus profondes. On parle d'autre chose, qui paraît inoffensif, et qui indirectement va venir faire écho à des problèmes inconscients profonds et susciter du changement. C'est ce qui nous permet de nous identifier sans danger à des personnages de contes ou de romans : ils ne sont pas nous, même si en réalité ils parlent indirectement de nous.

À VOUS DE JOUER

Détendez-vous

Choisissez un moment et un endroit où vous pouvez vous permettre de vous détendre et de relâcher votre attention consciente. À chaque fois que vous souhaiterez faire appel à une métaphore thérapeutique, je vous propose d'atteindre d'abord un état de calme et de détente qui sera propice à l'émergence d'un état d'autohypnose.

Installez-vous confortablement et fermez les yeux. Commencez par prendre conscience de la position de votre corps dans l'espace, des différents points de contact. Laissez votre corps se détendre un peu.

Pendant que votre corps continue à se détendre, concentrez-vous sur votre respiration... qui peut devenir ample et régulière... tranquille. À chaque inspiration, vous sentez l'air qui entre dans vos poumons... et circule dans votre corps. À chaque expiration, vous sentez l'air qui ressort... expulsant tout ce qui doit être expulsé.

Vous continuez à respirer tranquillement... et à chaque cycle de respiration, vous vous sentez plus détendu et plus relaxé... jusqu'à atteindre un état de confort agréable.

Vous pouvez maintenant mobiliser une métaphore thérapeutique.

Le lieu de refuge et de ressources : créez votre espace de sécurité intérieure

Cette métaphore, que vous allez construire sur mesure pour qu'elle soit bien adaptée à vos besoins, vous permet d'installer un espace de sécurité intérieure qui résiste aux tempêtes extérieures et vous donne la force de les affronter.

Imaginez un espace qui soit pour vous synonyme de refuge mais aussi de ressources. Comme ces lieux où l'on va pour se sentir en sécurité, mais aussi pour recharger les batteries et se sentir plus fort pour affronter l'extérieur. Cela peut être un espace que vous connaissez... que vous avez déjà vu... ou un espace imaginaire que vous construisez vous-même. Peu importe. C'est votre espace et il a la forme qui convient.

Pour le rendre plus présent, vous pouvez vous aider des différents éléments sensoriels qui composent cet espace. Peut-être qu'il y a des couleurs qui sont particulièrement présentes dans cet espace... Vous pouvez prendre le temps de bien les identifier. Un peu comme si vous regardiez le tableau d'un peintre... et que vous cherchiez à déterminer les différentes nuances utilisées par l'artiste... à apprécier la lumière... la perspective... les formes. Vous pouvez prendre conscience... des différents éléments visuels qui composent votre espace de refuge et de ressources.

Mais peut-être qu'il y a également des éléments sonores... des bruits... ou de la musique... dans cet espace. Là aussi, vous pouvez bien identifier ces éléments auditifs... pour les rendre plus présents.

Ou peut-être que ce seront des éléments olfactifs... des odeurs, des parfums... qui vont caractériser cet espace et le rendre plus réel. Vous pouvez, là aussi, prendre le temps d'identifier... et de ressentir ces odeurs et ces parfums.

Ou alors, peut-être ressentez-vous des sensations tactiles... liées au toucher... des effets de matière... de texture... Là encore, vous pouvez prendre le temps de ressentir ces sensations... pour rendre cet espace plus présent.

Et toutes ces sensations peuvent s'assembler... pour donner à votre espace de refuge et de ressource encore plus de densité et de réalité.

Pendant qu'il devient de plus en plus présent... vous pouvez prendre le temps de ressentir les sensations et les émotions que vous associez à cet espace... Une sensation de tranquillité... de bien-être... de sécurité intérieure... de force tranquille... d'énergie calme... d'authenticité... de confiance... et de sérénité.

Puis, quand ce sera le moment, cette partie de votre inconscient qui sait ce qui est bon pour vous... qui vous veut du bien... pourra ranger cet espace de refuge et de ressources à un endroit de vous-même... où il pourra le retrouver facilement... dès que vous en aurez besoin.

Et vous pouvez penser comme il est rassurant de disposer d'un tel espace... accessible à tout moment.

L'armure souple : maîtrisez les stimulations extérieures

Cette métaphore vous permet d'atténuer l'intensité des stimulations en provenance de votre environnement, tout en continuant à les percevoir et à bénéficier de leurs informations. Grâce à l'armure souple, vous maîtrisez et modulez les sensations perçues. Vous pouvez prendre davantage de distance vis-à-vis de vos perceptions.

Imaginez une armure souple, faite d'une matière tout à fait étonnante... qui la rend légère... respirante... et très discrète.

Vous pouvez choisir... et même créer... à votre convenance... la matière dont est faite cette armure... pour qu'elle soit parfaitement adaptée à vos besoins. Cette armure vous protège de l'extérieur... tout en laissant passer les informations qu'il est bon pour vous de savoir. C'est un véritable filtre... qui vous protège... et qui vous informe.

Je vais vous proposer de revêtir cette armure... pour apprécier ses qualités. Vous pouvez sentir son poids... très léger, sur vos épaules... le contact de l'armure avec votre peau... vous pouvez la toucher et sentir la matière dont elle est faite.

Avec cette armure, vous pouvez vous mouvoir avec aisance... faire les gestes que vous avez l'habitude de faire... avec facilité... et éprouver une sensation de légèreté, de naturel et de confort... à tel point que vous pourrez oublier que vous la portez... comme une seconde peau... si discrète qu'elle devient invisible... imperceptible.

Et pendant que vous continuez à faire les activités que vous avez l'habitude de faire... une partie de vous-même peut ressentir un sentiment de sécurité... de protection... de solidité... d'assurance... et de confiance.

Cette armure peut vous accompagner aussi longtemps que vous le souhaitez.

Les écluses : prenez votre temps avec les autres

Cette métaphore vous permet de moduler votre investissement avec les autres, pour réserver votre richesse intérieure et votre sensibilité à ceux qui le méritent vraiment !

Imaginez un cours d'eau calme. Vous êtes sur un bateau bien stable qui navigue tranquillement sur ce cours d'eau. Au loin devant vous se dessinent petit à petit des écluses successives qui vous amènent plus bas dans la vallée... à l'aval du cours d'eau.

Ces écluses représentent les différentes étapes de vos relations avec les autres... plus on passe d'écluses, plus la relation est intime... et plus vous pouvez vous découvrir et vous investir. Mais les écluses se franchissent lentement... et uniquement quand les conditions sont remplies pour passer à l'étape suivante. Quand vous pensez à votre relation avec une personne, vous pouvez tranquillement vous voir passer une écluse... doucement... à votre rythme.

Une fois l'écluse passée, vous pouvez prendre un peu de temps pour naviguer à cette étape de votre relation. Vous pouvez penser aux moments partagés avec cette personne... à la réciprocité de votre relation... à la sincérité de cette personne... aux marques de respect et d'entente mutuels. Et vous pouvez vous demander si à ce moment donné... cette personne... ou si vous-même... avez envie de vous lier davantage... ou pas.

Peut-être la relation est-elle confortable comme ça... et peut continuer à naviguer à ce niveau... sans qu'il n'y ait rien d'autre à faire. Peut-être avez-vous besoin d'encore un peu de temps... pour apprécier votre lien avec cette personne... et vous pouvez attendre... autant que nécessaire... pour prendre votre décision.

Ou peut-être que les conditions sont remplies... et que c'est le moment... pour vous comme pour elle... de franchir une nouvelle écluse... et de parvenir à une autre étape de votre relation.

Et vous pourrez ainsi passer autant d'écluses... qu'il vous paraîtra souhaitable... pour que cette relation devienne... ce qu'il est bon pour vous qu'elle devienne.

La mer au lever du soleil : retrouvez votre sérénité

Cette métaphore vous permet d'apaiser les tempêtes intérieures et de retrouver votre sérénité.

Imaginez une scène de bord de mer à l'aube... juste avant le lever du soleil. Vous êtes sur un sentier côtier... qui surplombe une baie... et d'où vous êtes vous pouvez voir la plage... la mer... et l'horizon au loin.

Tout est pour l'instant plongé dans l'obscurité... et vous pouvez juste deviner les contours du paysage qui s'étend devant vous... entendre les bruits des vagues... des oiseaux de mer... sentir l'odeur salée du large... la brise marine dans vos cheveux et sur votre peau.

La mer est à l'image de votre état intérieur en ce moment... et vous pouvez reconnaître vos émotions au bruit des vagues.

Mais d'où vous êtes, vous êtes à l'abri... et vous pouvez tout observer avec une distance protectrice.

Je vais vous proposer maintenant... d'assister au lever du soleil. Vous pouvez percevoir une lueur à l'horizon... à peine perceptible... discrète... qui progressivement se diffuse... s'étend... et éclaire petit à petit l'ensemble du paysage.

Et à mesure que cette lueur se transforme en lumière... le bruit des vagues peut s'atténuer... de plus en plus faible... de plus en plus lointain... jusqu'à devenir une vague rumeur qui accompagne le paysage... et vous berce.

Et au fur et à mesure que le soleil apparaît à l'horizon... et monte progressivement... teintant le ciel de mille couleurs changeantes... la mer peut devenir de plus en plus calme... de plus en plus tranquille... pour laisser place à ce spectacle de la nature... à cette explosion de lumière et de couleurs.

Au fur à mesure que l'aube se dissipe... et laisse place à un ciel dégagé... le paysage autour de vous devient plus clair... plus évident... plus tranquille... et plus serein.

Vous pouvez vous sentir apaisé... simplement bien avec vous-même.

Le sourire intérieur : appréciez les expériences positives

Cette métaphore propose une expérience positive que les hypersensibles apprécieront d'autant plus qu'ils la ressentiront avec plus d'intensité !

Je vous propose de vous adresser un sourire intérieur... comme un cadeau fait à soi-même... quelque chose de gratuit... de simple... et d'agréable.

Ce sourire peut s'épanouir dans votre poitrine... et petit à petit rayonner... comme un soleil intérieur... dans l'ensemble de votre corps... et dans votre esprit.

Vous pouvez sentir sa chaleur... sa lumière... et vous trouver empli d'un sentiment de joie sereine.

Restez un peu avec ce sourire intérieur... aussi longtemps que vous en aurez envie.

« Réveillez-vous » en douceur

Après chaque métaphore, vous pouvez également prendre le temps de vous réveiller — surtout si vous avez tendance à atteindre une détente profonde.

Concentrez-vous à nouveau sur votre respiration.

Prenez conscience des mouvements d'inspiration... et d'expiration. À chaque cycle de respiration, vous pouvez vous sentir de plus en plus conscient et de plus en plus réveillé.

Repérez la position de votre corps dans l'espace... Vous pouvez déjà visualiser la pièce dans laquelle vous vous trouvez.

Quand vous vous sentirez bien réveillé... conscient... tout en étant calme... vous pourrez ouvrir les yeux et reprendre vos activités habituelles.

ÉPILOGUE

Vous êtes tranquillement attablé à la terrasse d'un café, près de la fenêtre, et vous regardez d'un air distrait le paysage qui s'offre à vous. Le siège sur lequel vous êtes assis est confortable, invitant à la détente. Ce café, vous ne l'avez pas choisi par hasard. Il est peu fréquenté à cette heure de la journée, de sorte que les quelques conversations autour de vous forment une toile de fond sonore tout à fait supportable. Aucune musique d'ambiance ne vous empêche de vous concentrer ou ne vous impose une émotion qui ne serait pas en accord avec votre état intérieur.

Vous profitez de cette relative tranquillité pour laisser votre attention se déployer. Vous captez parfois un mot prononcé plus haut que l'autre, un éclat de rire, signe fugace d'une émotion qui émerge non loin de vous, et provoque alors un écho tendre, presque nostalgique, d'expériences passées. Un sourire se dessine sur vos lèvres, furtivement, avant que d'autres sensations ne vous appellent.

Vous regardez par la fenêtre les allées et venues des passants. La manière dont ils sont habillés, le rythme de leur pas, leur comportement, l'expression de leur visage… Vous tentez de deviner ce qu'ils ressentent et ce qu'ils pensent. Observer les gens est toujours intéressant. Vous pourriez passer des heures à les regarder, comme ça, juste pour le plaisir.

La dame avec le manteau rouge marche d'un pas pressé, elle regarde régulièrement son téléphone, le range d'un geste nerveux, pour le ressortir juste après. Elle a l'air contrariée. Vous pouvez presque ressentir son anxiété, qui se transforme petit à petit en colère.

De l'autre côté de la rue, un enfant se déplace avec précaution derrière ses parents, tenant fièrement un paquet tout neuf. Sans doute un nouveau jouet qu'on vient de lui acheter. Il semble à la fois ému et excité. Vous devinez la joie fébrile qui l'habite en ce moment. Vous pensez à ce jouet que vous aviez tant attendu petit, à la surprise et à la joie que vous aviez ressentie quand vous l'aviez découvert au pied du sapin, parmi les cadeaux. L'émotion monte doucement. Exactement celle que vous aviez éprouvée il y a tant d'années. « Tiens, tu étais là toi ? » L'émotion passe son chemin tranquillement.

Vous continuez à observer les passants. Un couple d'amoureux se promène, bras dessus, bras dessous. Ils avancent à l'unisson, d'un pas léger, comme si une bulle d'amour les entourait et les isolait de la cohue. Ils sont tellement beaux. Vous sentez éclore en vous une émotion puissante qui soulève votre poitrine et vous donne le tournis. Elle est reconnaissable entre mille.

Vous détournez le regard. Vous vous centrez sur votre corps pour contenir cette puissante vague émotionnelle et lui permettre de s'apaiser petit à petit. Vos mains posées sur la tasse en porcelaine blanche vous informent que votre chocolat est tout juste à la bonne température : il est prêt à être dégusté. Un chocolat maison… non vraiment, vous n'avez pas choisi ce café au hasard. Vous appréciez chaque gorgée, et laissez se déployer vos sensations. Vous vous surprenez même à fermer les yeux, pour mieux vous concentrer sur votre univers intérieur.

Une main posée sur votre épaule vient interrompre votre rêverie. « Coucou ! Je suis content de te voir ! » L'ami que vous attendiez vient de vous rejoindre et se tient juste devant vous. Il semble ému et ravi. Vous vous levez et l'embrassez avec émotion. « Moi aussi, cela me fait plaisir ! » Vous vous retrouvez assis l'un en face de l'autre. Il n'est plus besoin de mots. Dans vos regards, des années de vie et d'amitié se racontent.

CONCLUSION

Vous savez maintenant que votre hypersensibilité est une ressource : adoptez une image plus positive de vous-même. Ne mettez pas la barre trop haut et acceptez de ressentir vos émotions. Apprenez à reconnaître les personnes toxiques pour mieux vous en protéger. Réservez vos qualités à ceux qui le méritent vraiment, mais ne soyez pas trop exigeant avec les personnes qui vous aiment sincèrement. Utilisez votre hypersensibilité pour mieux comprendre et résoudre les problèmes. Misez sur votre empathie pour créer du lien avec les autres. Faites-vous confiance ! Écoutez vos besoins. Prenez le temps de cultiver votre sérénité intérieure pour mieux discipliner vos émotions. Laissez votre hypersensibilité s'exprimer dans des activités qui vous font plaisir et qui vous construisent. Trouvez votre voie pour mieux développer votre potentiel. Et appréciez enfin, vous aussi, de vivre avec intensité !

BIBLIOGRAPHIE

ARON Arthur, KETAY Sarah & all, « Temperament trait of processing sensitivity moderates cultural differences in neural response », *Social Cognitive and Affective Neuroscience*, vol 5, p.219-226, 2010

ARON Elaine, *Ces gens qui ont peur d'avoir peur. Mieux comprendre l'hypersensibilité.* Les Éditions de l'Homme, 2013 (traduction de *The highly sensitive person*, Birch Lane Press Book, 1996)

ARON Elaine, « The clinical implication of Jung's concept of sensitiveness », *Journal of Jungian Theory and Practice*, vol 8, num 2, p.11-43, 2006

ARON Elaine, ARON Arthur et JAGIEL-LOWICZ Jadzia, « Sensory processing sensitivity: a review in the light of the evolution of biological responsivity », *Personality and Social Psychology Review*, vol 16, num 3, p.262-282, Sage Publications, 2012

CANNON Walter Bradford, *Bodily changes in pain, hunger, fear, and rage*, Appleton, 1929

DARWIN Charles, *L'expression des émotions chez l'homme et les* animaux, Rivages, 2001 (traduction de *The expression of emotions in man and animals*, Murray, 1972)

DAMASIO Antonio, *L'erreur de Descartes : la raison des émotions*, Odile Jacob, 1995 (traduction de *Descartes' error*, Putnam Books, 1994)

EKMAN Paul, *An argument for basic emotions*, Cognition and Emotion, 6, 169-200, 1992

GARDNER Howard, *Les intelligences multiples. La théorie qui bouleverse nos idées reçues.* Retz, 2001 (traduction de *Multiple Intelligences. The Theory in practice. A reader.* Basic Books, 1993)

GOLEMAN Daniel, *L'intelligence émotionnelle, tome 1*, Robert Laffont, 1997 (traduction de *Emotional Intelligence*, Batam Books, 1995)

GOLEMAN Daniel, *L'intelligence émotionnelle, tome 2*, Robert Laffont, 1999 (traduction de *Working with Emotional Intelligence*, Batam Books, 1998)

JONSSON Kristoffer, GRIM Katarina et KJELLGREN Anette, « Do highly sensitive persons experience more nonordinary states of consciousness during sensory isolation? », *Social Behavior and Personality*, vol 42, num 9, p 1495-1506, 2014

JUNG Carl Gustav, *Types psychologiques*, Georg, 1983 (édition originale en allemand, 1921)

LELORD François et Christophe ANDRE, *La force des émotions. Amour, colère, joie.*, Odile Jacob, 2001

NARDONE Giogio et Paul WATZLAWICK, *L'art du changement. Thérapie stratégique et hypnothérapie sans transe*, L'esprit du temps, 1993 (traduction de *L'arte del cambiamento*, Gruppo Editoriale Fiorentino, 1990)

MELCHIOR Thierry, *Créer le réel. Hypnose et thérapie*, Éditions du Seuil, 1998

SPATH Antoine, *Ne plus se laisser manipuler*, Leduc.s Éditions, 2015

YOUNG Jeffrey E. et KLOSKO Janet S., *Je réinvente ma vie. Vous valez mieux que vous ne pensez*, Éditions de l'Homme, 2013 (traduction de *Reinventing your life*, Dutton, 1993)

TABLE DES MATIÈRES

Sommaire **7**
Introduction **9**

PARTIE 1 : ÊTRE HYPERSENSIBLE, QU'EST-CE QUE ÇA VEUT DIRE ? 11

Chapitre 1
Vous avez une plus grande sensibilité à ce qui vous entoure 15
Vos cinq sens semblent très développés 15
Vous percevez tout ce qui se passe dans votre corps 17
Vous êtes attentif à tout, tout le temps 19
Aucune attitude ne vous échappe 20
Vous percevez finement les rapports humains .. 22

Vous voyez souvent juste 23
Mais parfois tout s'embrouille 26

Chapitre 2
Vous ressentez de façon plus intense **29**
Vous êtes très empathique 29
Vous vivez intensément l'amour et l'amitié 32
Votre humeur est très réactive 35
Vous ressentez toute la gamme des émotions.... 36
Vous aimez l'art et la beauté 38
Vous avez besoin de vivre la vie avec intensité.. 39
Vous surréagissez 40
Attention à l'épuisement 44
Test : Êtes-vous hypersensible ? 47
   Votre résultat 50

PARTIE 2 : VOTRE HYPERSENSIBILITÉ EST UNE FORCE 53

Chapitre 3
Commencez par changer de regard **57**
Arrêtez de faire comme si vos émotions
n'existaient pas 57
Écouter et exprimer ses émotions, c'est sain 59
Hypersensible ne veut pas dire immature 61
Hypersensible ne veut pas dire dépendant 62
Et quand on est un garçon hypersensible ? 63

TABLE DES MATIÈRES

Chapitre 4
Pourquoi est-on hypersensible ? **67**
Une aptitude innée à être plus sensible 68
Les expériences de vie développent
l'hypersensibilité 70

Chapitre 5
Vous avez des supers pouvoirs ! **75**
Le pouvoir des émotions 75
Un atout pour survivre dans le monde actuel.... 80
Des talents professionnels 82
Une plus grande richesse intérieure.................... 85
Une sensibilité au service de l'intelligence 87
Intelligence émotionnelle et QI 91

PARTIE 3 : MIEUX VIVRE AVEC VOTRE HYPERSENSIBILITÉ ET DÉVELOPPER VOTRE POTENTIEL 97

Chapitre 6
Que faire avec vos émotions ? **101**
Acceptez et accueillez 101
Repérez d'où vient votre émotion 102
Donnez du sens... 103
Prenez du recul sur vos interprétations 105
Exprimez vos émotions 113

Respectez chacun dans ses besoins
et ses limites 114
Et si vous craquez ? 3 situations délicates 116
   Avec des personnes bienveillantes :
   dédramatisez 116
   Avec des personnes qui ne sont pas
   bienveillantes : protégez-vous 118
   Avec des personnes hostiles ou perverses :
   tirez-en des informations 121

Chapitre 7
Allez vers les autres **125**
Faites confiance à ce que vous ressentez 125
Sachez bien vous entourer 128
Nuancez vos attentes 131

Chapitre 8
**Prenez soin de vous et respectez
votre sensibilité** **135**
Décidez de vous écouter 135
Prenez le temps de vous recentrer 138
Épanouissez votre sensibilité selon vos goûts
et vos valeurs 140

Chapitre 9
**Développez vos ressources intérieures
grâce à l'autohypnose**.......................................**145**
Qu'est-ce que l'hypnose ? 146

Pourquoi utiliser des métaphores ? 147
À vous de jouer 148
   Détendez-vous 148
   Le lieu de refuge et de ressources :
   créez votre espace de sécurité intérieure 149
   L'armure souple : maîtrisez les stimulations
   extérieures 152
   Les écluses : prenez votre temps avec
   les autres 154
   La mer au lever du soleil : retrouvez
   votre sérénité 156
   Le sourire intérieur : appréciez
   les expériences positives 158
   « Réveillez-vous » en douceur 159

Épilogue **161**
Conclusion **165**
Bibliographie **167**

Achevé d'imprimer en Espagne
par Novoprint
Dépôt légal : septembre 2017